什麼是
文明？

QU'EST-CE QU'UNE CIVILISATION?
Alain Cambier

阿蘭・賈比耶
譯——李崇瑋

目錄

6　發行序

13　導論：文化與文明
　　回到兩種相似觀念的根源
　　文化與文明觀念之爭

33　什麼是文明化？
　　犧牲的內向性
　　義務的養成
　　從公民性到公民身份

53　文明與進步
　　沒有進步的文化
　　進步思想的文化根源
　　文明和進步的混合
　　建立進步定律的意圖

79　文明多元性
　　文明多樣性與不可溝通性
　　文明之間的誤解
　　相對主義的限度
　　最初源頭的普遍性

111 **作為反思過程的文明**
　　　　作為倫理實質的母國文化
　　　　從文化到文明
　　　　進步或反思過程

135 **結論：文明與野蠻**

151 **文章與評論**

153 **文章節選一**
　　　喬治・齊美爾
　　　〈 文化的概念與悲劇 〉

163 **評論**
　　　文明如同文化的悲劇？

171 **文章節選二**
　　　米歇爾・弗黑塔格
　　　《 全球化的僵局 》

181 **評論**
　　　論文明政治

發行序

什麼是文明？

顧忠華
開學文化出版社發行人

想回答「什麼是文明？」可以有非常多的觀點，若以目前流行的 AI 為例，問 ChatGPT 的答案是：「文明通常指的是一個社會在文化、科技、政治、經濟、法律等方面所達到的高度發展狀態。它反映了人類在各方面的創造力和進步，包括藝術、哲學、語言、建築和社會制度等。一般來說，文明是一個社會逐漸發展和成熟的過程，與"野蠻"或"未開化"的狀態相對立。」

這一種敘述模式反映的是最為「制式」的思維習慣，但通常無法滿足人類探索知識的好奇心，總是希望撥開現象的表面，進一步去挖掘概念背後究竟蘊藏了多麼複雜的意義。說起來，這正是「哲

學」的起源，抱著「打破砂鍋問到底」的精神不斷追問，甚至質疑「砂鍋還有幾個底？」。開學文化出版社引進法國 Vrin 發行的《什麼是……？》系列，由《什麼是遊戲？》、《什麼是惡？》、《什麼是暴力？》，一直到這本《什麼是文明？》，率皆是提供給讀者一窺法國當代的哲學教育是如何訓練高中生進行思辨，對於任何簡單的概念都必須脫離表層的直覺反應，一步步進入到困難的抽象領域，考驗自己在想像力和深度思考上的可能成就。

不要忘了，這個系列其實是法國「高中哲學會考」的參考書，不過我們讀起來，恐怕連大學教授都有點吃力，特別是在論述內容和辯證方式的理解上，往往需要對於其中隱含的「問題意識」，以及作者試圖鋪陳的思維邏輯有所掌握，才能真正體會到「哲學式啟蒙」帶來的刺激！

回到「什麼是文明？」的主題，本書作者阿蘭・貢比耶以百科全書式的寫作風格，縱覽了幾百年來西方重要思想家們對於「文明」和「文化」概念的深刻解析，試圖重建在當代情境下，我們應該如何推論出最為妥適的「文明」意含。他在導論一開始即指出，「文明」和「文化」這兩個概念

其實有著錯綜複雜的關連性，必須有耐心地仔細梳理。由「概念史」的角度來追溯這兩個概念在歐洲主要地區的發展脈絡，可以發現，法國、德國和英國各有因應本身歷史條件的定義，形成了不同的應用範疇。

隨著如「民族學」、「人類學」等現代科學的興起，問題意識逐漸集中到探討「文明」的普遍性與特殊性，甚至顛覆了將文明和線性進步兩者緊密連結的啟蒙想像，當時如孔德等思想家假定了一種不可避免、旨在力求實現人類成就的運動，似乎全球能夠進步到某種「單一文明」。不過，其負面影響在於對文明的看法狹隘且武斷，通常歸結為符合西方利益的意識型態包裝。更造成潛伏的民族優越感（ethnocentrisme）。

接下來的論述，不妨看成是作者集大成地歸納了西方近年來對於上述「狹隘且武斷」的文明觀念的自我批判與反省。他引用了康德的說法，認為至少有兩個理由：「語言和宗教的多樣性」，促使我們「不能把文明理解為一種根除人類內部多樣性的過程」。基於這樣的立場，作者在結論中直接挑戰了序言一開始引用的 ChatGPT 回答內容，也就是

一般的「成見」：文明是與野蠻相對立的狀態。這也是作者為什麼在文本的選擇上，挑選了德國社會學家齊美爾的《文化的悲劇》和瑞士哲學家弗里搭格的《全球化的僵局》的理由。

　　作者在詮釋齊美爾的文本時，特別強調「自我客體化」的關鍵角色，這個援引自黑格爾的哲學概念，描述了人類的任何文化成果，完全來自將自我視作「客體」方才能夠加以認識的先決條件。但就在同時，這些「客體文化」的物質形式卻也愈益服從自身的邏輯，「偏離了原本可融入人類個體精神演進過程的方向」，此種意義之下的「自我客體化」竟也意味著「異化」，並且構成了齊美爾所謂的「文化本身的悲劇」。作者認為，齊美爾為人類文明的前景抹上了一層悲觀色彩，「文明恐怕會淪為失去其目的，也就是其靈魂的文化」。換句話說，「具有豐富且過量文化的人類…擁有一切卻一無所有」！

　　無疑地，現代物質文明的進展遠遠超過過去的成就，但衡諸幾百年來的帝國主義、殖民主義、世界大戰和種族滅絕……種種觸目驚心的歷史，現代的「文明」實在沒有「自滿」的條件，而應該回過

頭來,重新「承認各種文明的綜合與包容特性」,這些呈現出多樣性的文明「過去始終存在、未來也將如此,而且還將不斷形成新的、或許比起以往更多、更具細緻的差異」。作者欣賞弗里搭格提出的這一觀點,希望透過哲學的思辨,能夠引領讀者進入另一層次的境界,塑造出更有包容度的文明概念。畢竟當我們理解到現代文明亦能夠發展出一種「內生的野蠻」時,先前被視為理所當然的「文明是與野蠻相對立的狀態」,似乎喪失了立足點,而這正是哲學思辨期待達到的目的。

什麼是文明？

QU'EST-CE QU'UNE CIVILISATION?

「文化這個詞,就其最廣泛的民族誌意義而言,指的是這一整個包含了科學、信仰、藝術、道德、法律、習俗以及其餘人類在社會地位中所獲得之能力與習慣的綜合體」

—— E. B. Taylor, Sir Edward Burnett Tylor, 英國人類學家。

導論:
文化與文明

想要區分文化（culture）和文明（civilisation）的觀念（notions）會看起來像是多此一舉，因為在實際用法上，它們的意思似乎相同。它們都意指人類存在超越物性所憑藉的一切。弗洛伊德（Sigmund Freud）就曾經強調過這第一層的根本意義：「我的意思是指人類生活超越其動物性條件以及區別於動物生活的一切，我並不同意將文化和文明分開。[1] 文化和文明因此對於從野蠻（*immanitas*）過渡到人性（*humanitas*）提供了同樣的關鍵。然而，這些觀念並非能夠相互替換，它們之間的關聯更是問題重重。儘管文化看起來確實是屬於人類的特徵印記，這個針對從自然和動物性殘忍之中解放的普遍經驗，事實上只能透過不同的文化產生，它們對應著同樣多不同的特殊存在方式，透過這些方式，諸民族使其人性變得具體。

廣義的文化觀念於是讓位給了人類學見解的文化觀念。因此我們談論*諸*（*des*）文化，來表明這全部的習慣，或者和其他文化相比，將每個人構成為一種獨特體系並以各式各樣卻又相對不變之方式[2]，在特定群體的所有成員間彼此傳播的全部集體精神表現。我們在此認出愛德華・伯內特・

泰勒於一八七一年，在《原始文化》(Primitive culture)一書中提出的創見：「文化這個詞，就其最廣泛的民族誌意義（sens ethnographique）而言，指的是這一整個包含了科學、信仰、藝術、道德、法律、習俗以及其餘人類在社會地位中所獲得之能力與習慣的綜合體」[3]。

我們看到把文化和文明做區分的東西開始出現：前者指的是一種慣性體系（système inertiel）或「狀態」（état），後者則反映為一種「過程」（processus），就像其字尾 -tion 所表明的。更重要的是，文化——就人類學意義而言——呈現為一種事實的現實（réalité de fait），屬於描述性的判斷（jugement descriptif），而文明則主張追求一種理想並意味著規範性的判斷（jugement normatif）。於是一種緊繃狀態在這兩種觀念之間產生，以其方式拒絕承認事實（fait）與價值（valeur）、實際存在（ce qui est）和應該存在（ce qui doit être）之間的劃分。為了闡明其中的危機，問題因而就在於追溯文化和文明之間發生斷裂的源頭。然而，後者卻源於文化觀念在三種不同詞義上的歧義性：首先是屬於個人培養或人類主體教育（舉例來說，人們

所謂有教養的性格 [esprit cultivé]）；接著是屬於人類物種註定要掙脫自然的普遍條件；最後則屬於意指一特定群體所固有之生活方式並表現為嚴格描述性的人類學詞義。

註釋

1 弗洛伊德，《一種幻象之未來》（*L'Avenir d'une illusion*），Paris，P.U.F. 出版，1995 年，頁 6。

2 克勞德·李維史陀就一切文化的基礎明列出三種交換體系：財產、符號以及親屬關係結構內的交換：參見《*結構人類學之一*》（*Anthropologie structurale I*），Paris，Plon 出版，1958 年，頁 326–327。

3 愛德華·伯內特·泰勒，E. B. Taylor，Sir Edward Burnett Tylor，1832 — 1917，英國人類學家。《*原始文明*》（*La Civilisation primitive*），Paris，Reinwald 出版，1876–1878 年，頁 1。

回到兩種相似觀念的根源

在法文裡，一直到十六世紀中期才出現文化觀念的比喻（sens figuré）用法：涉及才能、能力的『文化』，於是被用來表示為了培養這種能力所實行的行為。但要到十八世紀，比喻的「文化」才正式納入《法蘭西學院詞典》（Dictionnaire de l'Académie）（一七一八年版），總是伴隨一個補語（complément d'objet）：因此有所謂的「藝術的文化（culture des arts）」，或是文學的、科學的。這個字屬於啟蒙時代（Lumières）的用語，卻鮮少為哲學家們所使用。逐漸地，這個字擺脫了補語，最後單獨用來表示心智的「培養（formation）」或「教育（éducation）」。然後，在反向的演變中，如同指導作用（action d'instruire）的「文化」將開始表示一種秉性（disposition）：經過指導而具有教養的心智狀態、「有文化的」心智狀態。這個用法於該世紀末由痛斥「毫無文化且自然之心智」的《法蘭西學院詞典》（Dictionnaire de l'Académie）（一七八九年版）所承認。在當時，「文化」的觀念始終是單數用法，作為超越民族或階級之全部差

別的人類本性。於是這個觀念完全納入啟蒙時代的意識形態裡，並與進步、演化、教育、理性的思想結合。「文化」因此非常近似於將在十八世紀法語詞彙中更加風行的一個字：也就是「文明」。

這兩個詞隸屬同一個語義場（champ sémantique），起初都具有同樣普遍性（universalisme）和人之可完善性（perfectibilité de l'être humain）的涵義（valeurs）。「文明」，就如同其對等詞「文化」並基於同樣的理由，表現為統一（unitaire）且只以單數使用的概念。

在它們現行的詞義中，文化和文明的觀念差不多是在十八世紀期間同時出現。因為若是 *civil*（*公民的、平民的、世俗的、民事的、有禮貌的*）、*civilité*（*謙恭、禮儀*）、*civiliser*（「*使之變成民事*」*[rendre civil]，就司法意義而言*）這些字的使用在以前就有了，那麼體詞（substantif）*文明*卻只出現在一七四三年的特黑伍*通用字典*（*Dictionnaire universel* de Trévoux）裡，而且僅限於司法詞義（使之提出民事訴訟），和現行的詞義毫無關聯。一直到一七七一年，同一本字典才記下了這個字的新詞義，參照米哈波並清楚地引用：「人類之

友（ami des hommes）[1]使用這個字是為了社交（sociabilité）。請看看這個字。宗教毫無疑問是人性（humanité）最初也是最有效的約束。這是文明最初的原動力。它不停向我們宣揚並提醒我們注意兄弟情誼，使我們的內心變得溫和」。米哈波因而被認為是法國第一位在非司法意義上[2]使用文明這個字的人，這個用法隨後將大獲成功為世人所接受。這個觀念得以更加快速地被採納是因為最終在它同一個字裡結合了多種涵義：習俗改善、心智教育、禮節養成、藝術及科學文化、工商業發展、物質便利及奢侈品之獲取……。於是，文明這個表示過程的字，就突然在理念史中和進步的現代詞義同時出現。它與 *poli*（*光滑的、有禮的*）和 *policé*（*文明的、開化的*）涉及同樣的語義場，這兩個字即使在語音上相近，字源上的表示卻差異甚大：就前者而言，源自拉丁文「*polire*」，拋光的行為；後者則是源自希臘文「*polis*」和「*politeia*」。

Civiliser（使開化、使文明化）就回過頭來把人當作物體一樣，消除任何表面的凹凸不平、抑制所有粗糙、為了有利接觸而使其變得光滑順暢。就好像使用拋光機一樣，也就是把粗糙（grossièreté）

和粗野（rusticité）轉變為禮貌（civilité）和文雅（urbanité）。因為持續的拋光作用，得以反射光線，形象地來說，這個動詞就變成了發亮（briller）甚至是照耀（éclairer）的同義詞。動詞 *policer*（*使開化、文明化*）則進一步地接替了「polir」。而「police（治安、警務）」與國家的管理有關：生活在一個具備 *politeia*，換句話說具備組織的國家裡，就被認為是對立於野蠻的標記本身。當「poli」還只是反映善良（bienveillance）的外表徵象，「policé」則意味著證明共同良善之相互義務的諸多法則以及有權維護其執行的力量。於是文明觀念的使用以反對野蠻（barbarie）、殘忍（sauvagerie）、凶惡（férocité）等等的觀念為業。一七九五年，我們在斯內特拉格（Leonard Snetlage, 1743-1812, 德國哥廷根大學法學博士）的書中（《*新法語字典包含法國人民新創*》{*Nouveau Dictionnaire français contenant de nouvelles créations du peuple français*}，Göttingue，1795）查到：「這個字，原本實際用途只是指一宗犯罪成為民事訴訟，用來表示文明開化的作用或者一種人民藉由在公民社會中帶來

明亮、積極、多情且充滿善行義舉的道德觀念，使其風俗和慣例變得文雅的作用或更確切來說須加以改正的傾向」[3]。但是這個觀念突然出現的新用法、其潛在詞義的雙重矛盾也引起有關其重要性的批判反省。引進這個觀念的同一位米哈波，一七六八年在他仍處於起草階段、題名為《女人之友或論文明》(*L'Ami des femmes ou Traité de la civilisation*)的手稿中對這個觀念的影響表示保留：「倘若我問大部分的人，關於文明你們做了什麼，人們可能會這樣回答我，文明之於人民就是其生活習俗變得溫和、具備文雅、有禮節，而知識是以良善受到遵守且取代細節法則的方式傳播：這一切都只呈現出美德的面具而非其本貌，文明若是沒有賦予社會美德的基礎與形式，那麼它對於社會就是毫無用處；正是由前面所提到的要素而變得柔和的社會內部裡才產生了人性的腐敗」。米哈波因此把真正的和虛假的文明做了區別。

似乎米哈波發明的這個字詞在不久之後就由英語重新採用，但其引用來源仍有部分不明。當文明一詞在法國既快速又廣泛地傳播開來時，英國人則比較多使用 *refinement* 這

個字，且蘇格蘭人弗格森的著作標題（約於一七五五至一七五六年間所寫）——《論教化》（*Treatise on refinement*）——將於一七九七年由皮耶爾・沛沃（Pierre Prevost，1751-1839，瑞士哲學家和物理學家）翻譯成《論文明》（*Traité de civilisation*）。不過弗格森這本著作之後的《文明社會史論》（Essay on the History of Civil Society）——一七六七年出版——我們在其中清楚地發現「文明」（英語，civilization）一詞[4]。所以 civilization 首次以印刷表示是在一七六七年，是米哈波打造新詞的十年後。同樣我們在約翰・米勒（John Millar，1735-1801，蘇格蘭哲學家和歷史學家）於一七七一年出版，題為《*關於社會階層差異的觀察*》（*Observations concerning the distinction of ranks in society*）的著作中也多次地遇到這個新詞[5]。《新英語詞典》（New English Dictionary）則參考一七七二年博斯韋爾對約翰遜博士所做的訪談，其中提到和 civility 相比，收錄 civilization 之觀念的遲疑。這本詞典讓人想起一七七五年的**阿斯特詞典**收錄了這個詞。一七七六年，亞當・史密斯在他的《*國富特性及原因之*

研究》(*Recherches sur la nature et les causes de la richesse des nations, An Inquiry into the Nature and Causes of the Wealth of Nations*)[6] 經常使用 civilization 的觀念：這位作者曾在巴黎待過將近一年的時間——一七六五年底到一七六六年十月——，頻繁出入重農論者（physiocrates）的社交圈。不過亞當・史密斯也知道大衛・休謨推薦的弗格森[7]。弗格森自己則在一七九二出版的課程文集中提出以下的意見：「*商業藝術的成功，區分成幾個部分，它需要某種個人與財產的安全，我們賦予其文明之名（The success of commercial art, divided into parts, requires a certain security of the person and property, to which we give the name of civilization）*」[8]。這句「我們賦予其文明之名」很有意義，但並不精確。我們要考慮當時法語和英語知識分子間的交流已有了充分的發展[9]。無論如何，最初是在規範性的意義內來理解這個觀念。但是儘管這個觀念從其普遍意義上迅速地在英國得到承認，在同一個歐洲的其他地方卻並非如此：德國人相反地將執著於極度強調文明觀念的含糊不清，這已經由米哈波自己特別指出過了。在法

國人那裡，這種含糊不清已包含在此觀念本身。因此，一八二七年班雅明・康斯坦重新強調文明觀念的雙重性（ambivalence）[10]。不過德國人會把這個矛盾在此觀念的外部引爆，毫不掩飾地將它和文化（die Kultur）的觀念加以對立。

註釋

1. 這裡指的是米哈波侯爵，大革命演說家米哈波伯爵的父親，為這本寫於1756年，1757年出版，題名《人類之友》(L'Ami des hommes) 或《論人口》(Traité de la population) 一書的作者。有關這來源，參見埃米爾・班維尼斯特，《普遍語言學問題之一》(Problèmes de linguistique générale I) 中的〈文明，對單字歷史的貢獻〉(Civilisation, Contribution à l'histoire d'un mot)，Tel-Gallimard 出版，頁 336-345。班維尼斯特自己則求助於呂西安・費夫爾 (Lucien Febvre) 的研究，《文明：詞與思》(Civilisation. Le mot et l'idée)，Paris, Publications du Centre International de Synthèse 出版，1930 年，頁 1-55。

2. 形容詞「civilisé」早就已經失去其嚴格的法律意義，就像在蒙田 (Montaigne) 的著作裡：「關於詩人圖爾內布 (Turnèbe) 他寫道，他有某種能夠不染上阿諛奉承的外貌 (quelque façon externe qui pouvait n'estre pas civilisée à la courtisane)」《文集》(Essais)，第 I 冊，第 1 章，第 XXV 節，〈論賣弄學問〉(Du Pédantisme)。

3. 由尚・斯塔羅賓斯基 (Jean Starobinski) 引述，《罪惡中的解藥》(Le Remède dans le mal)，第一章，Paris, Gallimard 出版，1989 年，頁 13。

4 參見弗格森，《文明社會史論》(Essai sur l'histoire de la société civile)，Paris，P.U.F. 出版，1992 年，頁 107。

5 本作的書名法文譯為《Observations sur les commencements de la société》(Amsterdam，1773 年)。

6 亞當・史密斯，《國富特性及原因之研究》，Paris，Flammarion 出版，1991 年。

7 大衛・休謨在 1759 年 4 月 12 日寫給亞當・史密斯的信中指出文明已經變成多麼嶄新的哲學研究對象：書信由道格爾・史都華（Dugald Stewart）在亞當・史密斯傳記中引述，刊行於遺著彙編，《哲學論文集》(Essays on Philosophical Subjects)，1795 年，頁 XLVI。

8 弗格森，《道德與政治科學原理，主要是愛丁堡講課之回顧》(Principales of Moral and Political Science, being chiefly a Retrospect of Lectures delivered in the College of Edinburgh)，Edinburgh，1792 年，第 I 冊，頁 241，出自班維尼斯特，〈文明，對單字歷史的貢獻〉，同前註，頁 345。

9 在《論自由與現代文明之關係中的義大利》(De l'Italie dans ses rapports avec la liberté et la civilisation moderne) (1847) 中，安德烈－路易斯・馬志尼（André-Louis Mazzini）強調：「這個詞由法國本著上個世紀的法國精神所創。」（出自費夫爾，《文明：詞與思》，同前註）。

10 班雅明・康斯坦，《論宗教》(De la Religion)，前言，Lausanne，Bibliothèque Romande 出版，1971 年，頁 24。

文化與文明觀念之爭

這兩個才剛開始應用的觀念並非以同樣的方式在萊茵河的兩岸為人們所接納:諾伯特・埃里亞斯[1]細緻地解析德國人是怎麼樣小心翼翼避免任何混雜。十八世紀時,法語的威信以及啟蒙思想的作用解釋德語如何毫無困難地以 *Kultur* 這個詞來置換法語字詞普遍通行的比喻義。可是,Kultur 很快就比起它的法語對應詞變得更有限制性並且將會博得大眾的青睞,而在法語中,這個詞卻將會讓位給文明一詞。在德語中,文明這個詞比較是用來專指貴族階層的禮儀準則;相反地,布爾喬亞知識分子則將壟斷 Kultur 這個詞,以表示比起宮廷貴族矯揉造作的舉止,被認為更加深刻的精神準則。前者被視為是膚淺的而且缺乏誠意。和法國的情況相反,德國的布爾喬亞和貴族之間並沒有密切的聯繫:這個社會距離滋養了憤恨,特別在許多十八世紀後半的知識分子身上表現出來。因此一切屬於真誠且有助於豐富精神的事物都被認為屬於文化;相反地,徒有光鮮亮麗的外在、輕浮、過度講究表面,則反映的是文明。文明顯得就像是掌管不同德意志王國

之親王們的特權,以滑稽可笑的方式致力於仿效法國宮廷的「文明化(civilisée)」作風。因而在文化和文明之間產生了一種對比,體現德國布爾喬亞 ***intelligentsia*(知識階層)**和宮廷貴族之間的社會對立,後來則擴大為德國和法國之間的國家對立。在萊茵河的另一邊,由於政治統一體尚未實現,以此國家大任為其最高理想的知識階層,將藉著恢復德語通用的地位,在文化的概念這裡尋求團結一統。

　　法國大革命不久之後,文明一詞即將在我們萊茵河對岸的鄰居那裡失去其德國貴族階層的涵義,使人更全盤地聯想到法國,而且更廣泛地來說,想到西方列強。以同樣的方式,作為德國布爾喬亞知識分子特徵的「文化」,將逐漸地轉化成整個德國民族的標誌。文化於是在一種反對法國文明觀念之普遍性主張的特殊主義(particulariste)角度下表現出來。約翰・戈特弗里德・赫爾德[2]在一七七四年就已經藉著各民族之「génie national(民族精神)」(*Volksgeist*)的名義擁護文化多樣性,以反對啟蒙運動的抽象普遍性:他因此成為文化相對主義概念的先驅。對於赫爾德來說,每個民族通過自己的文化都有特定的使命要去完成。不

過，尤其是在一八〇六年的耶拿之役戰敗及拿破崙軍隊佔領之後，德國民族意識才會經歷民族主義的復興，表現為強調德國文化的特殊主義概念觀：文化民族在前並呼召政治民族。德國浪漫主義作家們將越來越以代表人民深刻靈魂的文化來對抗今後由伴隨經濟和技術發展的物質進步所定義的文明。對某些人來說，文化和文明之間的嫌隙將演變成尖銳的對立（antagonisme），甚至是衝突矛盾（antinomie）。這個問題的惡化後來在托瑪斯・曼一九一四年的一篇文章中達到極點：「文明，是理性，啟蒙，是變得溫和，變得優雅，態度多疑，生活放蕩──精神。沒錯，精神是世俗的、布爾喬亞的。它是反惡魔、反英雄的，當我們說它是反精神的時候，它只是在表面上看起來荒誕無稽而已 *[…]* 德國的靈魂太深邃以至於文明在它看來並無法呈現為一種崇高的觀念，更遑論是至高理念」[3]。

德國因此賦予文化觀念其特殊性層面，但在法國的十八世紀到十九世紀之間，普遍性的原則持續存在。大革命被認為本身負有使命去實現這個文化的普世概念觀（conception universaliste de la culture），於是這個概念觀很自然地就把文化和文

明的發展過程進行比較。相反地，接受特殊主義有助於對各文化採取純然描述性的觀點，得以促成關於它們的科學研究。因此，民族學（ethnologie）的出現就相當於制定一種要求堅守價值中立（neutralité axiologique）的文化科學理論。反過來說，否認他異性（altérité）及多元性（pluralité）則在法國造成了沉重的後果。

直到二十世紀初期，在社會科學領域內，法國研究者按照主導的語言慣用法，文化的觀念從未就描述性角度來加以理解而運用，便基於意識形態的理由賦予「文明」的觀念優先權。事實上，文化的概念，就其民族學的詞義而言，唯有當文明的概念本身服從一種價值中立化的重要工作[4]時才能被人接受。法國民族學基礎的建立尤其要歸功於馬塞爾‧莫斯，他努力根據相對主義及多元主義的方法來清除文明觀念的規範性涵義：「這些不僅是諸文明的構成元素，也是具有其特徵（individualités）、其不變形式（formes arrêtées）並相互對立的諸文明本身〔…〕我們可以提出關於一種文明如下的定義：「*那是全部規模夠大的文明現象，數量夠多，它們本身無論在其質還是量上都*

同樣足夠重要；那也是全部為數夠多、呈現出這些現象的社會；換句話說：一個具有足夠特徵的整體，使得它能夠代表、使人想到一種社會家族（famille de sociétés）」[5]。透過莫斯，文明反映出不同社會之共同特徵的相似性，但這些社會並不屬於一種這些特徵作為其跡象的本質，而是屬於一種必須要注意到「像家庭一樣（air de famille）」的相似處：我們堅定地從規範性轉向描述性。然而文化和文明之間的關係還有待更為根本地說明解釋。

強調文化觀念的特殊性詞義雖然有助於促使承認文化的多樣性，但作為補償卻會導致一種意味著拒絕承認一切普遍規範性概念觀的相對主義。文明的歷史，一如 *Kultur* 的歷史，展現出兩種對立的傾向，至少表面上看來是如此：一個在於把文明視為一種人類的理想；另一個則把某類文明歸因於特定的人類群體。這兩種觀點是否無法相互調和？即便事實上諸文明（les civilisations）變成複數，參照**單一文明（*la* civilisation）**是否就不正當？一種文明是否必然呈現不可消除之特殊性還是說人類文明就是這個特殊性？

註釋

1 參見諾博特·伊里亞思,《道德文明》*(La civilisation des mœurs)*,Paris,Presses Pocket 出版,1973年,頁12:「我們尤其注意到之間重大的差異,一邊是英國人和法國人改變這個字詞的用法,另一邊則是德國人」。

2 參見赫爾德,《另一種歷史哲學》*(Une Autre philosophie de l'histoire)*,Paris,Aubier 出版,1964年。

3 托瑪斯·曼的文本刊載於一九一四年的柏林《新評論》*(Neue Rundschau)*,標題為〈Pensées en guerre〉〔戰爭中的思想〕*(Gedanken im Kriege)*,並重新收錄於托氏的雜文集,《弗里德里希與大聯盟》*(Friedrich und die große Koalition)*,Berlin,S. Fischer 出版,1915年。

4 社會學就是在法國作為一門科學產生的,但矛盾的是這個時間上的先行卻導致法國民族學創立的推遲。有關文化之外國著作的標題在法國的譯法極度顯現出這樣的徵候:泰勒(Taylor)的著作,《原始文化》*(Primitive culture)*,被譯為《*La Civilisation première*》*(原始文明)*;露絲·班奈狄克(Ruth Benedict)的《文化模式》*(Patterns of culture)* 被譯為很有爭議的《*Échantillons de civilisation*》*(文明樣本)*;甚至弗洛伊德的著作,《文化及其缺憾》*(Das Unbehagen in der Kultur)*,首先被譯為《*Malaise dans la civilisation*》*(文明之中的不安)*。

5 牟斯,〈諸文明:要素與形式〉*(Les civilisations : éléments et formes)* 收錄於《社會學論文集》*(Essais de sociologie)*,Paris,Minuit 出版,頁237。

什麼是文明化?

歸屬於一種文明是人類的根本特徵，因為他**屬於世界（monde）**而不只是屬於自然。文明化首先意味著從自然過渡到文化，克服了由於其自然本源而折磨人類的野蠻動物性階段。的確，人類與其他動物不同，這是指他沒有特殊的天性（instincts），在他身上甚至連一般的天性都依然帶有不確定的色彩。就這方面而言，他被認為具有衝動（pulsions），而非具有精確的天性。這些衝動在他內部彰顯主導所有自然生物的生命原動力（élan vital），但對他來說，尋求滿足的對象始終是偶然的（contingent）。這就是為什麼沒辦法把像某些動物所有的某種群居天性或社交天性歸因於人類：還不如說他是以其「**反社會性的社會性（insociable sociabilité）**」[1] 為特徵。這項特徵是其自由的代價（rançon），紮根於自然在他內部並沒有把一切都決定好的原初事實。以同樣的方式，由於自覺，人類不僅感受到自然需求，還尤其感受到在心智表徵（représentation mentale）裡發現這些需求之重心的欲望（désirs）。這個心智表徵的影響造成其生命原動力在形式表達方面的可塑性，同時將衝動的力量轉換為欲望的倍增繁衍。而

且,所有人類都表現為 ***animal educandum(必須接受教育的動物)***,註定要經過教導,依賴其他自己已不得不接受培育而成熟的人類。

註釋

1　參見康德,〈在世界公民底觀點下的普遍歷史之理念〉(Idée d'une histoire universelle au point de vue cosmopolitique),第 4 定律,Paris,Bordas 出版,1988 年。

犧牲的*內向性*（introversion）

如果人類的存在仰賴一種訓練養成——德國人稱為 Bildung——，這點並不僅限教導，而是表現為一種在於把人同時超越自然及其天性來加以「培育（élever）」的倫理作為（entreprise éthique）：康德稱之為**規訓（discipline）**[1]。因為問題是雙重的：一方面這有關去除剛開始出現在人身上的純粹動物行為特徵，但也有關規訓這個不確定的特徵，它首先透過欲望的毫無限度表現出來並因此將自由侷限為只是一種**反覆無常的破格（licence capricieuse）**。這項堅持是整個人性的常數（constante），我們在普羅米修斯和艾比米修斯神話[2]的最後就已經發現它的表達：為了共同生活，人類必須得獲得管理（tenue）和克制（retenue）的意義。赫耳墨斯被認為讓人類發現 Aidôs 的美德，也就是高貴審慎的意義，後來成為拉丁文的 verecundia，傑出的社會美德，產生能夠定義成獲得一種預先對失去名譽感到恐懼的羞恥心，以便更好地保護我們。文明化因此不僅在於歸屬一種文化，也在於內化羞恥和自我克制的本身要求。諾伯

特‧埃里亞斯同樣強調過這個倫理作為:「那正是其中一種精神裝置通過文明的改變特徵,即個體更可區別和預測的行為調節從最早的童年起就已反覆灌輸給他,以至於此調節變成某種無意識行為(automatisme)、"自我約束(autocontrainte)",就算個體有意識地立志要加以擺脫也無法」[3]。

不過這個論點的原創性確實是由阿多諾和霍克海默更簡練而貼切的方式所呈現:「文明的歷史就是犧牲的內化史」[4]。他們在這裡指出把一個人變成一種文明化存在的**決定性實驗(expérience cruciale)**。就是從一切從自然的立即性(immédiateté naturelle)轉往文明的通道都經過犧牲的暴力(violence sacrificielle)。犧牲代表一種看作將自然狀態的混亂暴力(violence anarchique)畫下句點的儀式化暴力(violence ritualisée)。犧牲是通向神聖、假設一種超越性(transcendance)的特定手段:它表示有某種另外的、截然不同的事物,某種要去敬仰的事物。就像荷內‧吉哈強調過的,對於代罪羔羊(bouc émissaire)和犧牲品(victime expiatoire),犧牲是一種被視為終結和模仿欲望(désir mimétique)[5] 競爭產生之暴力

的祭祀性與文化性暴力（violence cultuelle et culturelle）：它符合一種暴力的順勢療法用途（usage homéopathique），被看作確保在宗教儀式下重新肯定的群體凝聚力。同樣地，祭品的效力只能產生在斷絕其所珍視者：兄弟、子嗣、年輕處女，等等。不過犧牲邏輯的真正意義（signification）最終並不是去犧牲某個我之外的其他人——無論是另一個人類還是供奉的動物——，而是犧牲一部份的自己：一部份他自己的衝動或欲望。這或許是以撒（Issac）的父親亞伯拉罕（Abraham）打斷其獻祭的意義：這則聖經故事被認為是活人祭品的終結。

犧牲的內化或許是文明本身的特徵：它顯示出為了得以在他人之中生活，放棄追求即時享樂的原則、懂得推遲衝動的滿足、以及體驗冥想的能力。就這點來說，尤里西斯（Ulysse）這名角色具有代表性：這是傳說中的國王簡單來說學著成為一個人，即學會規定自我克制，*enkrateia*，的一段故事。這也是從傳說轉為故事的過渡。他因為沒有獻上必要的牲品而遭受波塞東（Poseidon）的憤怒所折磨，他漸漸地學會放棄享樂原則、推遲欲望以便在高等層次上發展他的身分。賽蓮（Sirènes）的歌聲代

表這個他必須要抗拒的享樂原則,正如女巫喀耳刻(Circé)象徵他必須要支配的動物性。他經歷「否定的作用(travail du négatif)」直到放棄——他身為伊塔卡(Ithaque)之王——自己的名號,讓自己稱為「無人(personne)」——*Oudeis*——以便逃脫絲毫不是「喜吃麵包者」而是野蠻體現的獨眼巨人(cyclopes)。他讓自己消失,否認他伊塔卡之王的名號來保命:他必須失去自己才能重新找回自己。尤里西斯在辛梅里亞國度(pays cimmérien)學會自己面對死亡,預言者特伊西亞斯(Tirésias)向他指出如何從他命定本質的認同(identité-*idem*)——即他最初被賦予的身分,無論是心理還是社會的——轉變為**流動變異的認同(identité-ipse)**[6]——即付出道德提升(élévation éthique)的代價所獲得和贏取的身分:「縱然您遭遇所有的困難,但您只要依然是自己的主人(maître),您就可以成功」[7]。和象徵文明之精緻講究的**菲阿希亞人(Phéaciens)**相比,他找到鼓舞和必要的協助來完成他這段不過只是一段內心之旅(voyage intérieur)的成長旅程(voyage initiatique)。一切教育的理想就是「*內化導師(magister intériorisé)*」的理想:人需要

一名導師以便成為自己的主人。人類（humain）需要在人（homme）之中建立起來（être institué）：因此 institutio 是教育工作所採用的美名。尤里西斯的成就在他能夠認識到他已經改變並昇華的身分時獲得實現。因為要獲得困擾一切人類社會性存在的這項認識所做出努力的關鍵（enjeu）不過就是這個無法歸結為自然特徵，經過深思熟慮的高等身分（identité supérieure réfléchie）。

註釋

1 康德，《論教育》(*Réflexsions sur l'éducation*)，Paris，Vrin 出版，2004 年，頁 98-99。

2 參見柏拉圖，《普羅達哥拉斯篇》(*Protagoras*)，321d-332e。

3 諾博特・伊里亞思（N. Elias），《西方的動力》(*La Dynamique de l'Occident*)，Paris，Presse-Pocket 出版，1990 年，頁 185。

4 狄奧多・阿多諾（Theodor Adorno）與麥克斯・霍克海默（Max Horkheimer），《啟蒙辯證法》(*La Dialectique de la raison*)，Paris，Gallimard 出版，1974 年，頁 68。

5 荷內・吉哈（R. Girard），《暴力與神聖》(*La violence et le sacré*)，Paris，Grasset 出版，1972 年。

6 保羅・利科（Paul Ricœur）在《自我宛如他者》(*Soi-même comme un autre*)中重新提起命定本質的認同與流動變異的認同之間的分裂，Paris，Le Seuil 出版，1990 年。

7 荷馬，《奧德賽》(*L'Odyssée*)，第 11 卷，Paris，La Découverte 出版，1992 年，頁 181。

義務的養成

任何文明的發展過程皆意味著首先借助某種殘忍[1]。這個「訓練（dressage）」的作用，尼采稱之為「習俗的教化（la moralité des mœurs）」：「教化不過就是服從習俗，無論其類型為何；然而習俗，是行為和評價的*傳統方式*。傳統不發號施令之處，就沒有教化；生活方式越不受傳統所決定，教化所及的範圍就越小」[2]。尼采稍後明確指出：「在野蠻民族裡，有一類習俗慣例，似乎旨在追求代表它自己的慣例：這些是令人難受且根本來說多餘的法令 […] 但這些法令不停在意識中保持慣例的持續影響、不斷遵守它的約束：這是為了加強文明藉之以發端的大原則：任何慣例都比沒有慣例來得好」[3]。傳統的權威逐漸灌輸面對一種發號施令之高等智慧、不可思議而無邊無際之力量、某種超出個人並喚起神聖感受的依賴感。傳統、宗教和權威共同串連來建立人類社會秩序。宗教的觀念同時來自拉丁文的動詞 *religare*（藉由超凡力量的迂迴方式將人類彼此聯繫起來）以及 *relegere*（重讀，重返，小心謹慎）：字源在此指出宗教形成了人類社

會空間最初的結構化方式,以及其最初同時是祭祀和文化的功能來自於創立禁忌。但就如涂爾幹所強調的[4],首先這是任何社會生活條件(tout social)的力量,它讓自己在這種神聖感中受到領會並反覆灌輸義務感。人類社會是一部製造諸神的機器。

因此,禁忌發揮犧牲機器的作用,因為它的目的是防止某些不受控制的行為。禁忌是從自然轉移到文化所特有的表徵:它終結了放縱(licence)。根本的禁忌都涉及面對死亡和性(sexualité)的態度:因此這件事在於對死者表示的尊重和禁止我們在所有文化裡都能重新發現的亂倫。但是這些禁忌也能夠以更為抽象的方式表現,**包含微不足道的作為**:總之,重要的是把沒有任何人類生活能夠不需要它的這個意念加以融合為一。即使如同一切自然生物,人類力求表明其生存意志(vouloir-vivre),他並無法滿足出於本能追求「更多的生命(plus de vie)」,而必須意識到一個人類存在所要求的「不只是生命(plus que la vie)」:這就是齊美爾基於人類處境(在 *Mehr-Leben* 和 *Mehr-als-Leben*[5] 之間)所做出的劃分。如果自然生命出於本能力求在其大量充沛之中表現出來,人類則是為了文化地自我建構,藉

由反對這個直接生命（vie immédiate）來擺脫它。人性（humanité）只有用刀才能從自然狀態的混雜之中出現：這就是割禮儀式作為差異化原則之例證[6]的第一層意義。人類繁衍的實現以犧牲和痛苦為代價。文化造成對自然身體（corps naturel）的否定並藉由一系列生理和心理的標記（marquages），迫使愚昧身體（corps stupide）轉移為象徵身體（corps symbolique）。但是這個轉移也有關道德秩序並力圖內化義務觀念（idée d'obligation）：這個觀念首先是隨著商業及所有權集體形式（dissolution des formes collectives de propriété）之消解的發展，在其他物質財產開始受到關注以前，建立一種法律和倫理的束縛（lien）、一種首先有關自身身體（corps propre）而雙方互有義務的（synallamatique） *nexum*。這個 *nexum* 是 ***ob-ligatio* 的活性原則**（principe actif）。*Ob-ligare* 首先指的是保證這些束縛並履行這個承諾（engagement）。這個行為把殷勤態度（obligeance）規定為善意（bienveillance）與體貼（prévenance）。義務的束縛是責任的來源並把人建構為「負債的存有（être en dette）」。這個束縛的原始隱喻在羅馬法的體系中找

到一種古老的歷史表達：義務首先是債權人針對債務人主體的一種直接權利（droit immédiat）；同時它象徵社會依賴關係（dépendance sociale）的制定。在古羅馬法裡，nexum 代表同時既是個體將其個人（propre personne）作為承諾擔保的行動也是他若無法兌現這個承諾所感受到的約束狀態（état de l'assujettissement）。

這儼然就是有關讓野獸去牢記的問題：「**正是在那裡有所承諾，在那裡有關於去讓承諾的人牢記他的承諾，依然是在那裡，我們會起疑心，冷酷、殘忍、暴力將會感到自由放任**」[7]。但問題並不在滿足於鍛造一個過往的記憶，而是相反地賦予自己一個「未來的記憶」。文明的進程與同時對文化、「道德教化（moralité des mœurs）」所特有的殘酷之深化及超越有關。對於欲望單純的馴化，尼采反對為了通向一種偉大格調的人性而使欲望超脫世俗。「相反地讓我們置身在宏大過程的盡頭，在樹木最終結成果實、在社會及其道德教化最終揭示出這些道德只不過是手段的地方：我們將發現樹木成熟的果實就是 [...] 能夠承諾的人（l'homme qui peut promettre）」：犧牲的暴力在此為了讓人能夠超越自身而轉向自己。這

個作為**克服自己之行動**(*die Selbstüberwindung*)的超越性(transcendance)是人特有之權力意志(volonté de puissance)的本身表現,它讓人得以不是活在自滿(complaisance)裡,而是活在塑造其生命的要求中。

註釋

1. 尼采:「馴服『人類』這隻野獸,通過馴養將其變成一隻溫馴且文明的動物」,《論道德的系譜》(*Généalogie de la morale*),第 1 篇,第 11 節,Paris,Nathan 出版,1981 年,頁 100。

2. 尼采,《晨曦》(*Aurore*),第 1 篇,第 9 節,收錄於《著作集》(*Œuvres*),Paris,Laffont 出版,1993 年,頁 975。

3. 尼采,《晨曦》(*Aurore*),第 1 篇,第 16 節,頁 980–981。

4. 涂爾幹,《宗教生活的基本形式》(*Les Formes élémentaires de la vie religieuse*),Paris,P.U.F. 出版,1990 年。

5. 參見齊梅爾,《人生觀》(*Lebensanschauung*)〔生命的超越〕(*La Transcendance de la vie*),第 1 章,收錄於《格奧爾格·齊梅爾作品全集》(Georg Simmel Gesamtausgabe),Francfort-sur-le-Main,Suhrkamp 出版,1989 年,第 16 冊,頁 232。

6. 皮耶爾·勒讓德爾 (Pierre Legendre):「我們生來便沉浸在未分化的狀態中,人類面對著雜亂的混合體。制度的作用 (le travail institutionnel) 在於,透過其自身的手段,產生認同的可能性」,《傳承的珍貴之故》(*L'inestimable objet de la transmission*),Paris,Fayard 出版,1985 年,頁 169。

7. 尼采,《論道德的系譜》(*Généalogie de la morale*),同前,第 2 篇,第 5 節,頁 118。

從公民性(civilité)到公民身分(citoyenneté)

公元十二到十八世紀之間，在西方人類（les hommes d'Occident）身上留下痕跡的這些行為根本的轉變，對諾伯特・埃里亞斯來說，構成某種文明進程的形象化（hypotypose）[1]。從社會學的觀點來看，埃里亞斯所提出的根本問題就是人類社會關係的複製（reproduction）如何意味著一種在個體間形成相互依存之張力內部的動態平衡。人類個體不能被認為是某種帝國中的帝國（empire dans un empire），某種自在的個體（individu en soi）（***Individuum an sich***）或絕對的個人，由於他總是已經屬於互相依賴網[2]的一分子。這些相互關係可以有多變的形式並因此決定**介穩組態（configurations métastables）**，因為這些關係同時凝聚人類**反社會性的社會性**：人類社會關係的複製因而屬於一種對抗張力之間的妥協。當彼此對抗之力量的平衡遭到破壞，組態便重新受到質疑並被認為要用互相依存關係的新形式來加以取代。文明是在這些社會依存關係的斷裂與重組所構成的動力中形成的。埃里亞斯從這個發生在西方的進程中出看出兩個主要的轉折：第一個

時期涉及在七世紀出現的大封建宮廷，第二個則涉及在十七世紀出現以其封建對手為代價而變成絕對君權的國王。**吟遊詩人們（troubadours）在宮廷愛情（amour courtois）中突顯對禮儀的讚頌構成了舉止講究文雅的第一個階段，其依據是更為敏感地遵守更具約束力的習俗以及委婉地表達人際關係中的粗暴，特別是在男人和女人之間。**

第二個階段則是把對宮廷禮儀的關心轉變為對公民性和社交禮儀（étiquette sociale）的要求：「藉由禮儀，宮廷社會自我呈現，每個人都和他人區別開來，所有人共同和不屬於群體的人區別開來，每個人和所有人都留給自己其生活絕對價值的證明」[3]。首先這是在佩劍貴族（noblesse d'épée）和日益活躍的穿袍貴族（noblesse de robe）之間呈均衡競爭關係的背景下，國王得以作為一個表面上跟雙方都保持同樣距離的第三方調解者。社會職能的細分增強了一種**擔任公務及掌握行政權的（d'offices et d'administration）資產階級**興起，和土地軍事貴族（aristocratie foncière et militaire）較為傳統的力量不相上下。追求絕對主權的國王因為必須對抗傳統貴族的主張，他自己只能支持這個把持司法及財政職位

的穿袍貴族階層擴大發展。但同時國王又必須注意貴族對於官吏權勢（puissance officière）還能發揮什麼抗衡作用：宮廷於是顯示出一個讓國王得以管控其潛在對手的重要制度。**宮廷化（curialisation）**和集中化（urbanisation）的造成貴族行為的深刻轉變：好戰而粗野的騎士在宮廷裡變成了文雅且矯作的朝臣。

在西方，十二到十八世紀之間，習俗將會深刻地改變，一方面是因為對合法暴力壟斷的現代國家出現使社會空間安定，另一方面則是因為個人之間關係的密集化必須對情感反應有更嚴格的管控。分工的發展和因此而產生的深刻職能分化所伴隨造成社會相互依存關係的增加，使具有當代西方人特色的個人自我管控成為必要。這個從十二世紀延伸到十八世紀的「時刻」之於任何從**外部社會約束（contrainte sociale externe）**過渡到**審慎自動約束（autocontrainte réfléchie）**的文明進程尤其顯得具有代表性。**精神自制（*Selbstkontrollapparatur*）**的要求成為穩定條件並以普遍的方式強制規定：「**精神自動約束的個體穩定機制**構成『文明化』人類之習癖（habitus）的典型特徵，和**身體約束的壟斷（monopolisation de la contrainte physique）**以及**中央社會機**

構增長的凝聚力（solidarité croissante des organes sociaux centraux）有著密切關聯」[4]。

文明化的過程確實就是在於內化過去要從外部對衝動和情緒強加的禁忌，並因此從社會約束（Gesellschaftliche Zwang）轉移到自動約束（Selbstzwang）的過渡中體現出來。在國家創建的背景下，個人面對有損其身體完整的暴力侵害能夠感到安全，但反過來他必須抑制自己的激情、抑制他帶有攻擊性、驅使他同類面前以暴力來表現自己的衝動：「由於職能分工將個人所涉入的互相依存網擴大；由於它延伸出新的人類空間，透過互相依存的影響，形成一種功能或制度的單位，無法克制其本能衝動和激情的人有損其社會存在；懂得控制情緒的人則相反地享有顯著社會優勢，而每個人都必須在行動前思考行為的後果 [...] 因此這的確是有關朝向『文明化（civilisation）』的一種行為改造」[5]。但是這個行為戲劇化所具有的膚淺將隨著感到被拒絕分享權力的資產階級之興起而重新受到質疑。

在路易十四之後，宮廷化的布置（dispositif）本身已經一成不變，而由於僵化，本身變得無法向新的社會交談者（partenaires sociaux）敞開。隨

著大革命開創出一種前所未有的社會結構,延續舊社會的文明宗旨,但加以更新拓展。這不單是涉及統治者身分的改變,更是涉及理解所有社會個體互相依存關係之方式的深刻轉變。這個互相依存關係承認國家角色的勝利:對於公民身分的要求接替了對於禮貌和文雅的單純憂慮。因為公民就是明確地意識到其自由相對於其責任的人:簡單來說,他已經接受內化了權利和義務的意義。一方面不再有放肆的時代,另一方面也不再有犧牲的時代,因為不再有主人的位置,也不再有僕人的位置,而只有一個人們所承認的公民身分,同時涉及義務和權利:個體把自身視為同時是臣民(sujet)也是君王(souverain)。如黑格爾(Hegel)關於現代國家所強調的:「在國家裡,義務和權利處在唯一且相同的關係中」[6]。公民身分於是呈現為由外在約束轉化成內部自動約束之文明歷程的最終實現。實在法(droit positif)在這裡取代作為社會黏合劑(liant social)的宗教,而因為它表現為民法的依據,現代國家得以作為一種最理性的政治權力來呈現。決定什麼是可以做和禁止做的法律於是能夠被理解為是對禁忌的去神話化(démythologisation),

但這個合理化,唯有以個體名義提出作為最完美自由形式之*自主性*(auto-nomie)的要求,才找得到它的有效合法性。公民身分用盧梭(Rousseau)首先提出的自主理想來反對社會獨立和依存關係之間的決裂:「服從自我規定的法律就是自由」[7]。法律和公民身分的國家政治制度呈現為一種有意識重新挪用(réappropriation consciente)我們最初所依賴之文化或諸文化的表達方式。

註釋

1 伊里亞思的 *Über den Prozeß der Zivilisation*(《文明的進程》)以法文分成兩冊翻譯出版:《風俗的文明》(*La Civilisation des mœurs*),Paris,Calmann-Levy 出版,1973 年,以及《西方的動力》(*La Dynamique de l'Occident*),同前註。

2 伊里亞思,《宮廷社會》(*La Société de cour*),Paris,Champ Flammarion 出版,1985 年,頁 152-153。

3 伊里亞思,《宮廷社會》(*La Société de cour*),同前註,頁 97。

4 伊里亞思,《西方的動力》,同前,頁 188。

5 同上,p. 189。

6 黑格爾,《法哲學原理》(*Principes de la philosophie du droit*),§261,Paris,Vrin 出版,1988 年,頁 265。

7 盧梭,《社會契約論》(*Du Contrat social*),第 1 編,第 8 章,Paris,GF-Flammarion 出版,2001 年,頁 61。

文明與進步

因為生來不完整,故人類首先不過是人性的一個候選者;但可能表現為不利條件的事物同時會是一種契機。很自然地看起來最為不利、作為動物的事實本身也是日後進步的條件[1]。人有能力獲取和改善其所知與所是。這個專屬於人的特點稱為可完善性(perfectibilité),也就是自我完善的能力。此可完善性表現在相應於每個人的教育之教養過程本身,沒有任何人能夠避開此根本經驗。不過從這個無法迴避的事實,為能得出人類社會甚至整個人性之全面進步的公設而產生了一種外推論證。第一個混合(amalgame)因此可以在人類的歷史性和對進步的信仰之間實現,並且它自己會導致另一個混合,確立某種介於全球文明和普遍進步之間的立即對等。對十八世紀的人而言,文明的觀念等於意思是「走在前面」、歷史進步:這個意思可能只闡釋文明(civilisation)的後綴詞「-tion」,被當作反映身體、心理和智力成熟的時間進程。

註釋

1 參見費希特:「總而言之,所有動物皆已完成且完善,而人類只是被指定、被給予雛型」,1796 年版 *Grundlage des Naturrechts* (*Fondement du droit naturel*,《自然法權基礎》),*SW. III*,頁 79–80。

沒有進步的文化

如果我們拿野蠻社會的情況來看,顯然這些社會可以表現出關於人類歷史性毋庸置疑的意識,而不是因為前者導致進步的想法。對於人的條件之原始歷史性的覺醒銜接死亡意識以及肯定親身經歷過的野蠻社會:李維史陀所研究的「朱林加」(*churinga*)的實例指出,這些通常刻有象徵符號的木製或石製卵形物均代表一位先祖的身軀並一代接著一代莊嚴地授予和逝者維持一種特殊且親密關係的生者[1]。我們可以建立一種朱林加所扮演的角色和我們交由公證人秘密保管的檔案文件之間的類比:「檔案的功效在於讓我們和純粹的歷史性保持聯繫」[2]。朱林加跟檔案一樣呈現出它們具備「歷時風味」(saveur diachronique)的特徵。甚且,李維史陀還挺身對抗把野蠻社會當作沒有歷史的社會來加以談論的笨拙看法:「在『無歷史的人民』和其他人民之間做出的笨拙劃分可以有利於用一種介於我們為此需要而稱作『冷』社會和『熱』社會的區別來取代:有些社會試圖憑藉為自己設立的機構以近乎自動的方式取消歷史因素可能對它們的平

衡所造成之影響；另一些則果斷將歷史演變融入內在來化作它們的發展原動力」[3]。把前哥倫布時期的美洲依然與西方歐洲隔絕為託辭而拒絕其歷史向度可能會是愚蠢的：一切都暗示著太平洋的整個外圍經歷了大量交流的沸騰。因此問題不在於對歷史的忽視，反而是在於文化上對改變的拒絕——憑藉諸如神話和儀式複雜講究的象徵部署（dispositifs symboliques sophistiqués）。這個拒絕並不違背任何道德或智力的欠缺，而是表達一種毅然承擔下來的先入成見，其系統性的特徵經由這種將生活方式各個面向正當化的方式表明出來：「這是祖先教我們的」。當我們的西方社會把自己看作是為了改變而建立的，程度之強烈到了看重根據所謂的前階段（原始性）與完成階段（「開化」或「已開發」社會）之間的關係階序（hiérarchie），野蠻社會則被認為是為了存續並透露另一種接近歷史性的可能關係。但是這個關係也屬於完結的藝術（un art consommé）並表現出一種文化上的本真完善（un authentique perfectionnement culturel）。因此對於一項技藝的臻於完善並不必然包含一種應當透過時間中的不停變化所表達出來的可完善性意念。盧

梭自己就標記出這個野蠻社會所表現出對於人類可完善性的徹底掌握：「我們越是考慮這點，這個狀態就越不具有革命傾向、就越會是對人類最好的狀態」[4]。因為盧梭強調可完善性是一種矛盾的能力：「對吾人來說可能令人難過的是不得不承認這項顯著而幾乎無窮的能力卻是所有人類不幸的根源；正是它透過時間把人抽離這個原始境況，平靜而天真的日子在其中流逝；正是它長時間地孵化其智慧與錯誤、惡行與美德，久而久之將人變成他本身和天性的暴君」[5]。

註釋

1 參見李維史陀，《野性的思維》(*La Pensée sauvage*)，第 8 章，Paris，Plon 出版，1962 年，頁 320。

2 李維史陀，《野性的思維》(*La Pensée sauvage*)，同前註，頁 321。

3 李維史陀，《野性的思維》(*La Pensée sauvage*)，同前註，頁 309–310。

4 盧梭，《論人類不平等的起源與基礎》(*Discours sur l'origine et les fondements de l'inégalité parmi les hommes*)，Paris，GF-Flammarion 出版，2008 年，頁 118。

5 盧梭，《論人類不平等的起源與基礎》(*Discours sur l'origine et les fondements de l'inégalité parmi les hommes*)，同前註，頁 80。

進步思想的文化根源

　　如果說野蠻社會是在拒絕進步理念的同時重視人之境況的歷史性，在我們現代社會中則是矛盾地藉由壓抑死亡意識而施加對此的重視[1]。帕斯卡是最早將以人特有之可完善性為論點基礎的進步理念理論化的人之一：他首先以自然為動物所安排的命運來反對人之境況。動物看起來就是被迫生活在「完善有限的秩序」中：生物天性出於本能為它們謀取的熟練知識必然只會伴隨它們一生，永遠無法傳給後代。動物或許就因為這樣而被迫停滯不前（stagnation）。相反地，「只為了無限而產生的人卻不一樣」[2]：於是乎可完善性或許完全就是人的特權。遺產的累積在此優先於生物遺傳的決定論。不過最值得注意的是帕斯卡在此建立有關人類全面進步的假設，從個體透過教育的培育出發，外推至全人類的普遍不斷的發展：「發生在人類繼承過程裡的事情就跟在個人年歲中所發生的一樣。以至於一切人類的後續，在時代進展的過程中，都視為總是存在並持續學習的同一個人」。為了實現這樣的推論，帕斯卡不得不對於人之有限性的問題做

出否認：進步理念在此表現出犧牲人之原初歷史性的意識。進步的現代理念則作為「同一個始終存在的人」連續且無限的行進而迫使所有人接受。豐特內勒將不會因此上當：「未能把如此順利進行的比較推到極致實在令人惱火，但我必須承認在那個情況下的人絲毫不會衰老」[3]。困難之處將會隨著精神觀念的運用而產生，此觀念容許表明即便人確實會死，他們的精神卻相反地能永存並壯大。人類精神就被視為自主且受到一種內在衝動讓它超越一切限制的原理。一七五〇年，涂爾苟（Turgot）在他的《人類精神進步之哲學圖表》（*Tableau philosophique des progrès de l'esprit humain*）中完全信賴這個假說[4]。由於他，逐漸形成了將空間多樣性視為與時間多樣性之球體表面上的投影相似，透過不可逆轉且自人類誕生以來就導向同一方向的承襲順序所結合的企圖。

對進步理念的肯定看來就是使得文明觀念得以突然產生的必要條件。自十七世紀以來它的乍現呼應時間性於猶太教──基督教方案的世俗化（laïcisation）。誠然，基督教歷史概念和現代進步概念觀之間的同化作用（assimilation）會顯得令

人產生誤解，因為基督教神學家們依舊悲觀地看待世俗歷史的進展。不過猶太——基督教義尤其充當不再將時間視為一種模仿自然循環的圓圈來思考的推手，而聖奧古斯丁則是這個擺脫 falsi circuli（虛假圓環）或 circuitus temporum（循環時間）之嶄新需求的理論家，以便相反地開闢出 via recta（拉丁文，意為「直路」）、基督的 rectum iter（拉丁文，意思是「正確的道路」）[5]。這完全是關於終結異教徒腦中繚繞不已的絕望並打破阻礙人類時間性動態概念觀的循環模式。在時間的循環模式裡，不可能區分出前與後。在古代，希臘人從自然循環時間中看出完美的跡象並對專屬人之歷史時間的不規則偶然抱持懷疑。宇宙持續時間的本身被理解為 anakuklosis（希臘文，意為事件的循環重現），事物永恆的回歸。當自然時間表現為「不變永恆的變動形象」[6]，歷史時間則是具有腐化、墮落傾向，以 Douleia（源自希臘文，意為「服侍」）方式感受的同義詞。猶太基督教義灌輸一種直線定向的歷史時間理念，有開始（創世紀）和結束（啟示錄），因此使每個事件同時變得獨一無二、單次性且不可逆轉。此外，對基督徒來說，作為基督降臨之具體

可標記日期的事件將歷史分成兩個它將彼此聯繫起來的時期：一為先行時期，由天地創造揭開序幕並朝向預言所宣告的耶穌再度降臨（Parousie）；另一為後來時期，是在耶穌死於十字架上之後，必須導致基督的二度降臨並算得上是終極的實現。最後，藉由在一般意義上向世人傳達，基督教義預設了一種關於這個神聖歷史進展的普遍性。

時間的發展在此不再具有圓圈的意象，而是具有直線的意象，完結於兩端點，沿著這條線展開被視為一個不可分割且模糊之整體的人類的全面演變。此外，由於往不可逆轉的方向流逝，時間朝一個包含兩種詞義（作為期限也作為目的）的終點前進並具有一種意義，換句話說不只是確定的方位，也是內在的涵義。然而，聖奧古斯丁還清楚地從註定徒勞重複的世俗時間中區別出懷抱末世論（eschatologique）願望的神聖時間。偉大和沒落無情地相繼接替之世俗歷史的振動或擺盪概念觀，長久以來強加於人心：甚至同樣存在於馬基維利的思想中[7]。即便文藝復興時期或宗教改革時期的人文主義流派都不是在一種進步理論而完全是在回歸本源的框架下構想出來：在這兩種情況裡，都有關

貶低臨近的過去（中世紀時期）和反過來重視遙遠的過去（無論是古希臘羅馬還是原初基督教義）。相反地，對進步理念的肯定意味著一種自古以來持續有益的演進，因而不僅必須以駁斥任何原始的黃金年代也必須以貶低任何充滿神話的遙遠過往為前提。我們從伯丹（Bodin）思想的觀點中找到這個改變的痕跡，他強調，在人們稱為接近完美的幾個世紀裡，「人類生活分布在原野和森林中，就像真正的野蠻動物一樣，他們只有自己能透過蠻力和罪行所保留的事物：必須要很長一段時間才能將他們從這野生且野蠻的生活重新導向開化的風俗」[8]。

註釋

1. 關於這一點，參見馬克斯‧韋伯（Max Weber）的精采文章，收錄於《學者與政治家一》（*Le Savant et le Politique I*），Paris，10/18 出版，1963 年，頁 70–71。

2. 帕斯卡，〈空虛論序言〉（*Préface au Traité du vide*），收錄於《著作全集》（*Œuvres complètes*），Paris，Le Seuil 出版，1963 年，頁 231。

3. 貝爾納‧勒‧波維耶‧德‧豐特奈爾（Bernard Le Bovier de Fontenelle），《關於多元世界之對談錄》（*Entretiens sur la pluralité des mondes*），羅伯特‧沙克爾頓（R. Shackleton）版，Oxford，Clarendon Press 出版，1955 年，頁 172。

4. 參見《涂爾苟著作集》（*Œuvres de Turgot*），Paris，E. Daire 出版，1844 年，t. II。

5. 聖奧古斯丁，《上帝之城》（*La Cité de Dieu*），XII，第 10–20 章，Paris，Points-Seuil 出版，1994 年，頁 74–94。

6. 參見柏拉圖，《蒂邁歐篇》（*Timée*），37d，Paris，Les Belles Lettres 出版，1963 年，頁 151。

7. 參見馬基維利，《佛羅倫斯史》（*Histoires florentines*），第 V 卷，收錄於《著作全集》（*Œuvres complètes*），「七星文庫」（Bibliothèque de la Pléiade），Paris，Gallimard 出版，1952 年，頁 1169。

8. 尚‧伯丹（Jean Bodin），《輕鬆學習歷史的方法》（*Methodus ad facilem historiarum cognitionem*），收錄於《哲學著作集》（*Œuvres philosophiques*），Paris，P.U.F. 出版，1951 年，頁 428。

文明和進步的混合

歷史時間性之猶太基督教模式的世俗化可以採取多種不同的形式，但神聖和世俗歷史進展的交錯首先可以從博蘇耶（Bossuet）的著作裡發現蹤跡[1]：這本著作所劃分出的十二個時代裡不僅導入關鍵的宗教時刻，也引進軸心的世俗事件（木馬屠城、羅慕路斯、大西庇阿、康斯坦丁與查里曼）。儘管博蘇耶增添許多聲明強調上帝的作用，他的歷史也不再是真正以神為中心的歷史。基督的誕生開創了世界的最終時期，但按照他的時間學（chronosophie）觀點，這只是第十個時代，前有大西庇阿時代，後有康士坦丁與查理曼的時代。然而這個假設，關於一個不是神聖歷史的普遍歷史，會在涂爾苟尤其是孔多塞（Condorcet）的著作中實現。後者在《人類精神進步史表綱要》（*Esquisse d'un tableau historique des progrès de l'esprit humain*）中將人類的發展區分為十個時代：這個發展包括人性在人類個體的實現。歷史假定人類的演變不會歸結於個體歷史，因為後者僅僅是人類物種命運的一個片段。人類個體和人類物種之間同時

既是結合的（associés）——因為物種只能存在於個體中——也是分離的（dissociés）——因為人類不只是個體。歷史在人自身內部介於其經驗及個體的存在（existence empirique et individuelle）和其等同於整個人類物種的真實存有（être véritable）的區別之中成立。

這樣的區分開啟了一種未來發展（devenir），其意義就正好在於克服人之經驗存有（être empirique）和其本質之間的分裂。於是在歷史中有開端和終點：開端發軔於宣告原史（proto-histoire）的結束；終點則是人與自身的和解而這個和解的經驗形式正是共和國：個體成為獨立自主的，只遵從他們自訂的律法。但是結束並非終點，因為個體的存在始終是歷史經驗現實的條件：它依然作為一個逐漸趨近的理想（un idéal asymptotique）。同樣地，藉由採取時代（époques）而非時期（périodes）的措詞，孔多塞展現出對於人特有的歷史性和人類中最優秀者的智慧所帶來決定性貢獻的依戀之情。因此，孔多塞論及「實際上無止境的人之可完善性」：作者打算畫出有關「獨一無二民族的假設歷史並構成其進步的圖像」，對應文明連續

的不同階段[2]，以劃時代的知識事件（évènements intellectuels épochaux）來區別。孔多塞過早豎立起人類的「不朽歷史」（histoire monumentale）。在他著作的最後[3]，他重提「無止境可完善性」的說法，賦予其一種相對涵義，與帕斯卡思想中的無限性觀念以及「同一個始終存續之人」的形上學推論不再有任何關係：相反地，他從醫療社會方面的進步或可在經驗上推遲死亡期限的假設來證明這個說法。可完善性的概念觀在此並不被視為無條件的（inconditionnelle），反而是高度依賴科學和政治的條件。它也與孔多塞堅持只著重手段、精於計算的理性概念觀有關：理性在此絕不能以形上學方式與自身相符，因為它的實質內容始終來自外部。

在其著作中，孔多塞卻規定了人類發展單一方向的願景並區分出三個重大時刻：由前三個時代（trois premières époques）構成的原史（protohistoire）；經歷第四個到第九個時代的歷史本身；符合第十個時代並演繹出未來進步曲線的展望分析（analyse prospective）。孔多塞以字母書寫的發明開啟了確切而言的人類歷史。對作者來說，所有人類社會都能在單一的時間鏈上列出，即

便某些被認為它們的發展已經中斷了。歷史真正的主體在此並非人類個體,而是一個憑藉公共教育和民主制度在同時掌握自然及其自身之中進步發展的非人格主體(un sujet impersonnel)。

同樣地,真正的主角在此都是科學家:這些探索彼此呼應,如德謨克利特(Démocrite)和笛卡兒對於機械論(mécanisme)或者畢達哥拉斯(Pythagore)和牛頓,致力於將世界化為數學(mathématisation du monde)。最後一章則呈現「最後一幅有待描繪的景象,關於我們的希望,保留給未來世代的進步」[4]。希望的觀念在此反映的是一種像啟程出航那樣的歷史概念觀,**人類未來帶有意向地顯露但依舊仰賴某些有利形勢的會合。**

孔多塞闡述了三種希望:國家之間的平等、個人之間的平等和人類真正的改善。因為這裡未來不再處於原理的證明,而是它們的實現:挑戰在於確保它們不會持續成為宏大的形式理念。這裡預見了一種保險社會(société assurantielle)的假設,它將發揮機率計算來應付衝擊最貧困者生活的各種風險。同樣地,作者指望教導的平等,必須讓人能夠「擺脫權威的桎梏,不再只能意識到由他們的理性

所承認的事物」[5]。

註釋

1. 博蘇耶,《獻給王太子殿下的普遍歷史論》(*Discours sur l'histoire universelle à Monseigneur le Dauphin*),Paris,GF-Flammarion 出版,1966 年。參見克日什托夫·波米安(Krzysztof Pomian),《時間秩序》(*L'Ordre du temps*),Paris,Gallimard 出版,1984 年。
2. 孔多塞,《人類精神進步史表綱要》(*Esquisse d'un tableau historique des progrès de l'esprit humain*),Paris,Vrin 出版,1970 年,頁 8。
3. 孔多塞,《人類精神進步史表綱要》,同前註,頁 235-238。
4. 孔多塞,《人類精神進步史表綱要》,同前註,頁 9。
5. 孔多塞,《人類精神進步史表綱要》,頁 144。

建立進步定律的意圖

此文明進步的概念觀直接啟發孔德[1]，他打算合理化孔多塞的研究方法：「他（孔多塞）清楚看到，第一，文明服從於一種發展過程，其中所有步驟都嚴格地遵循自然定律彼此相互連貫」。在這把整個人類歷史簡化為十個時代的經驗性，因而是偶然性的遺產之處，孔德將代為繼承來呈現歷史的普遍定律，旨在按照必要的秩序承襲三種組織形式，各自均表示一種基於社會關係秩序的再現體系：神學與軍事社會（la société théologique et militaire）、形上學與法學社會（la société métaphysique et légiste）、科學與工業社會（la société scientifique et industrielle）[2]。這項定律按其完整形式將會包含三個階段：神學或虛構（théologique ou fictif）階段、形上學或抽象（métaphysique ou abstrait）階段、科學或實證（scientifique ou positif）階段[3]。對孔德而言，這關乎一種自然、普遍且必要的定律，使我們的考量能夠不再有形勢的顧慮（considérations conjoncturelles）：「因此，文明的各個不同時代，

不是根據或多或少重要的事件毫無章法地分類，像孔多塞那樣，而是得要根據已經受到所有學者公認的哲學原理來決定，因為必須確保任何分類都能成立」[4]。但為了建立這項科學定律的必要性，孔德不得不往一種有機模式（modèle organique）倒退，犧牲依然作為孔多塞思想特徵，對於歷史性的敏銳感。三階段定律被視為表達了一種「精神的散步法」（démarche déambulatoire de l'esprit），必須按字面上來加以理解：意即被賦予運動機能（motricité）之生命體（être vivant）的前進過程，這個生命體為了「行走」，必須從最初的平衡階段（un état d'équilibre initial）開始，投身於帶它往前驅動的失衡階段中，以便獲得更大的平衡。於是，孔德重新回到帕斯卡的用語，很自然地提到「童年」或「我們智力的陽剛氣概」（virilité de notre intelligence）[5]。自然在此並非只是為了使人性的實現得以可能而被文明所超越。

人性的生物學理論等於是肯定人類有機體無論何時何地都必須呈現在各方面共同的基本需要。歷史的諷刺在此則是進步概念觀的生物學支撐出自生物進化論（l'évolutionnisme biologique）出現

之前的考量:社會進化論的奠基者們——如史賓塞(Spencer)——在達爾文的《物種起源》問世前就起草並自相矛盾地發表了他們的學說。尤有甚者,此概念觀最受爭議的點是這個想要將人類進步歸屬於某種繼承法則,並因而將之表現為無條件的傾向。

同樣地,斯圖爾特·密爾(Stuart Mill)提出一種基於「人類精神進步性」(la progressivité de l'esprit humain)的「進步法則」[6]:這個普遍傾向的無條件特徵使吾人能夠從中推斷出歷史的最初階段或時期,毋需初步歷史條件或資料。藉由建立「法則」,問題在於自相矛盾地——在孔德思想中就如在密爾思想中——發掘人類進化過程中的不變量(un invariant):於是,就在這些作者從物理學轉移到社會學的動力學(dynamique)和靜力學(statique)觀念之間產生了混淆[7]。因為他們關心的是宣稱解釋社會動力學的繼承法則的建立,實際上相當於把物理學家所謂的靜力平衡系統(如太陽系)當作模範,在這個系統中可以有效地預測週期性運動。這個方法,歸根到底等於強調作為「運動」而非「過程」的文明概念觀。不使文明的發展依靠人類本身的行動,在此則力求將不可抗拒的普遍運動公諸於世。

這就是何以孔德和密爾試圖基於生物和心理範疇的「人性」來建立他們的繼承法則。

密爾,舉例來說,聲稱依據一項基本卻單純的原理制訂這條法則:「促使在生活藝術中帶來絕大部分改進的力量就是想要擴大物質安樂的欲望」[8]。這項原理可能看似天真,但能讓他在價值論上消除進步產生的問題,也避免談論道德提升,即便這點在他的思想中挑起更多令人尷尬的顧慮:「至於我,我認為普遍傾向現在是而且未來也依然會是,除了一些偶然的例外,一種企求改善、企求更美好且更幸福階段的傾向。但那並不是社會科學(Science Sociale)方法的問題。那是科學本身的定理。就我們的目的而言,只要在人類的性格和迄今他們所形塑的外部客觀環境之中有漸進的改變就夠了;只要在每個相繼的時代裡,社會的主要現象不同於任何一個先前的時代就夠了;最明顯地將這些連續變化標誌出來的時期就是一個世代間隔,而在這些間隔裡,眾多人類受教育,從童年到成年並掌握社會」[9]。我們在此看到密爾是如何企圖從關於文明「運動」之客觀且純事實描述的研究中區分出一種評價判斷(un jugement appréciatif):這導

致他實施一種關於文明歷史發展的生物學基礎，令其取決於跨世代的斷裂。孔德和密爾不僅看似疏忽普遍傾向始終依賴初始條件，他們也消除文明產生的問題，代價是犧牲關注有利於文明突發猛進的制度條件，好比舉例來說，確保思想自由的政治制度[10]。

將文明和線性進步兩者的觀念緊密連結，因而導致假定一種不可避免、旨在力求實現人類成就的運動。此概念觀的第一個負面影響在於仗恃有關文明觀念狹隘且武斷的看法，通常歸結為符合西方利益的意識型態包裝。它造成潛伏的民族優越感（ethnocentrisme）[11]，往往在宣告所有人天生平等的同時，認為那些生活方式與我們相左的人或許還未能有幸獲得在我們身上明白顯示出來的這種「成熟」（maturité）：這樣的心態等於是把與我們不同的文化變得幼稚。李維史陀就揭發過這個「錯誤的進化論」（faux évolutionnisme）：「這涉及一種假裝完全承認文化多樣性的同時，實際上是要將之去除的企圖；因為，如果我們把人類社會所處的不同階段（états），無論是古老還是遙遠的社會，都稱作是唯一發展的*時期*（stades）或*里程*（étapes），它必須使這些出自同源的社會趨向同樣目的，我們

會很清楚地看到多樣性不再只是表面而已」[12]。這個作法會變得滑稽可笑而且構成啟蒙運動精神的陰暗面：我們可以在孔多塞自己的著作中發現這些跡象。在書裡的最後一章，他自問：「是否所有國家有朝一日都將趨近那些最開明、最自由、最能跨越偏見的民族，如法國人和英國美國人，所達致的文明階段？」[13]。

孔多塞很清楚西方殖民者所犯下的暴行，他們變成了異國民族的「行賄者」或「暴君」：他嚮往一種新的殖民作法：「對於這些僧侶，他們只為這些人民帶來無恥的迷信，用一種新的統治方式來威脅他們而激起他們的反感，我們會看到緊接著而來的一些人全心全意在這些國家中傳播對人民幸福有益的真理，為他們闡明其利益以及權利」[14]。因此孔多塞提到這些廣泛的異國「彷彿它們為了變得文明只等著從我們這裡接受實現的方法」。然而，孔多塞卻承認某些部落可能表現得較為桀敖不馴，因為不是太野蠻就是太習於游牧生活。於是作者同樣地預料它們會徹底消失或被強制同化：「這最後兩類人民的進步會更緩慢，帶來更多動盪；或許甚至，隨著他們遭受已開化國家的排擠而人數縮減得

更少,最終將逐漸消失或融入這些國家之中」[15]。所有跟不上趨勢的事物都可能會因此受到譴責:假定進步的全球性意義使人盲目於人類諸文化的特定涵義。這個缺陷的後果會出現在另一個負面影響之中,就是確定一種有待實現的規範理想:進步應當為了全人類導向一種相同的生活方式,作為其最終的實現。文明因此會是一種註定要擴大普遍性的目的論過程。這個歷史主義式的預言卻自相矛盾地假定了歷史的終結。所以我們在法蘭西斯・福山(Francis Fukuyama)[16]那裡得到後現代版本的歷史終結,他從自由民主體制中看見全人類在政治和經濟方面的匯合點。普遍且同質的國家將是人類歷史的目的,但同時矛盾地它卻又是終點。然而,康德自己就承認這個旨在建立世界政府的世界主義理想(l'idéal cosmopolitique)既無法實現也沒有正當性可言,理由至少有兩個:「語言和宗教的多樣性」[17]。這兩個文化方面的理由指出不能把文明理解為一種根除人類內部多樣性的過程。

註釋

1 參見孔德,〈社會重組所需的科學研究方案〉(Plan des travaux scientifiques nécessaires pour réorganiser la société) 之結論 (1822),Paris,Aubier 出版,1970 年,頁 135。

2 「我們看見孔多塞絲毫沒有感受到文明各時期內哲學布置 (une disposition philosophique) 的重要性〔…〕他認為能夠適當地並列連結這些事實,幾乎隨機地藉由將一個顯著事件當作每個時期的起源,有時是工業方面、有時是科學方面、有時則是政治方面」同前註,頁 136。

3 事實上,涂爾苟自己就曾訂出三階段規律,比孔德早了一個世紀,在他的〈關於人類精神進步之第二論述提綱〉(Plan du second discours sur les progrès de l'esprit humain),Paris,Schelle 出版,1913-1923 年,I,頁 315。

4 孔德,〈社會重組所需的科學研究方案〉(Plan des travaux scientifiques nécessaires pour réorganiser la société),同前註,頁 137。

5 參見孔德,《通俗天文學之哲學論》(Traité philosophique d'astronomie populaire)、〈初論實證精神〉(Discours préliminaire sur l'esprit positif),Paris,Fayard-Corpus 出版,頁 23-24。

6 密爾,《邏輯體系》(Système de logique),第 VI 卷,第 10 章,Paris,Mardaga 出版,1988 年,頁 508-533。

7 關於此靜力學與動力學的混淆,參見波柏 (Karl Popper),《歷史決定論之窮》(Misère de l'historicisme),第 IV 章,Paris,Plon 出版,1956 年,頁 110-128。

8 密爾,《邏輯體系》(Système de logique),同前註,頁 528。

9 同上,頁 512。

10 參見波柏,《歷史決定論之窮》(Misère de lhistoricisme),同前註,頁 150–153。

11 這個詞於 1906 年首次出現在威廉·格雷厄姆·薩姆納(William Graham Sumner) 的《民俗習慣》(Folkways)(由皮耶—尚·西蒙〔P.–J. Simon〕引述,《民族中心主義》(Ethnocentrisme),期刊 Pluriel-recherches,第 1 期,1993 年,頁 57–63)。

12 李維史陀,《結構人類學第二冊》(Anthropologie structurale II),Paris,Plon 出版,1973 年,頁 385–386。

13 孔多塞,《人類精神進步史表綱要》,同前註,頁 204。

14 孔多塞,《人類精神進步史表綱要》,同前註,頁 208。

15 孔多塞,《人類精神進步史表綱要》,同前註,頁 208。

16 法蘭西斯·福山,《歷史之終結與最後一人》(La Fin de l'histoire et le dernier homme),Paris,Flammarion 出版,1992 年。

17 康德,《論永久和平》(Projet de paix perpétuelle),《哲學著作集》(Œuvres philosophiques),第 III 冊,「七星文庫」,Paris,Gallimard 出版,1986 年,頁 361。

文明多元性
(pluralité)

文明多元性
(pluralité)

文明是一個始終呈現出比起文化更加外延（extension）的觀念，但此外延並不必然對應於為了朝向規範理想的實現而超越文化。就如我們已經強調過這點[1]，牟斯（Marcel Mauss）嚴厲譴責把文明觀念做意識形態之用，這只會導致偏差失控：「政治家、哲學家、大眾、記者、還有更多人都在談*文明*。民族主義的時期內，*文明*指的永遠是*他們的*文化、他們國家的文化，因為他們通常瞧不起其他民族的文明。理性主義通常也是普遍主義和世界主義的時期內，如同許多重要宗教，*文明*構成一種事物的狀態，既理想又真實、既理性又自然，既是原因又是目的，我們相信的進步會逐漸出現〔…〕我們認為，在我們這個時代，這一次是基於事實（faits）而不再基於意識形態才得以實現某種屬於*文明*的東西」[2]。同樣地，牟斯寧可談論「文明諸現象」（phénomènes de civilisation）。這些現象不同於特定國家或地方的社會現象，更確切地說算是指幾個大致相近之社會所共有現象的一種集合（bassin）或背景（fonds）：「一種社會體制的超社會體制（système hypersocial），這就是我能夠稱為文明的東西」[3]。這裡談的文明並非指一種定

律而是融合的限度。它已預設存在許多文化本位主義，有可能彼此分享，不過其原本特徵總是能夠展開抵抗。文明遠非指一種規範，始終保持著準穩態的現實（une réalité métastable），需要實地研究以便從中同時確定統一性和貫穿此現實的特有張力。

註釋

1. 參見本書導論，頁 18。
2. 牟斯，《社會學要素》(Eléments de sociologie)，同前註，頁 249–250。
3. 牟斯，《社會學論文集》(Essais de sociologie)，同前註，頁 234–237。

文明多樣性與不可溝通性 (incommunicabilité)

　　若泰勒是第一個致力於以科學方法給文化定義的人，那麼在十九世紀末的法蘭茲‧鮑雅士（Franz Boas）就確實是民族誌的奠基者。他所有的著作都在於「思考差異」[1]和指出這個差異並非在種族方面，而是在文化方面[2]。從那時候開始，鮑雅士的目標就一直是研究「各種」（les）文化而非「單一」（la）文化。他反對當時主流的單線進化理論。他拒絕任何有關文化發展普遍定律的想法、任何旨在設立人類各「時期」或「階段」的「歷史劃分」法。他以專題論著法的見解取而代之，意味著進行直接的實地考察並沉浸在有待研究的文化之中：這使得從旅行者的民族誌轉向居留的民族誌成為可能。同一時代，在法國，起初全身投入規劃建立社會學方法的涂爾幹也努力想擺脫優先注重文明而犧牲文化觀念，與意識形態考量有關的法國成見。在一份和牟斯共同撰寫並於一九一三年出版的筆記中，他全力遵循非規範性版本的文明觀念，就是意味著談論多種文明（civilisations au pluriel）

而不重新質疑人的統一性:一種「文明」就是關於「不依附在特定社會機構的社會現象全體;它們的範圍超出國家領土,或者說它們的發展時期超出單一社會的歷史」[3]。自一九〇一年開始,牟斯的態度甚至更加明確:「一個民族的文明不外乎就是它們全部的社會現象;談論未受過教育的、『沒有文明』的民族、『自然的』(Naturvölker)民族,等於是去談論不存在的事物」[4]。涂爾幹挺身反對認為全人類都具有相同一致的發展演變:「人類的發展應當設想為不是一種線性的形式,其中社會彼此前後排列出現,彷彿最先進的僅僅是最初步的結果和延續,而是設想為如同一棵枝條多樣且分岔的樹木」[5]。矛盾的是,涂爾幹在此重新回到赫爾德(Herder)於十八世紀所提出的隱喻。

然而,若是每個文明都培養出自己的差異,不僅相對主義佔主導地位,還會面臨無法溝通的危險。假如語言的多樣性體現文化的特色,那麼翻譯問題則凝聚了這些溝通的難題。個別語言可以傳達特定的「世界概念觀」,足以使我們質疑思想的普遍性。語言扮演感性經驗本身分類和組織者的角色:一種文化裡的每個成員都透過其母語的社

會「眼鏡」來看世界。這就是薩丕爾——沃爾夫假說（l'hypothèse de Sapir-Whorf，又稱「語言相對論」）：「對語言的研究讓我們看到一個人全部的思想形式都受他沒有意識到不可避免的組織法則所左右」[6]。每種語言都對應一種特定的思考方式、不同的邏輯。一種語言就是全部的共享內涵意義（connotations partagées）：因此針對索緒爾的符號二元概念觀（基於符徵〔signifiant〕／符旨〔signifié〕的關係），必須用符號三元概念觀來替代，把用法、說話主體的世界均納入考慮。總而言之，歸屬於一種文化就證明了語言和生活之間的共同性（communauté）。皮爾士（Peirce）強調過這個內涵意義——相對於外延意義（dénotation，字面意義）——的作用，在他的著作中以符號三角關係（triangulation sémiotique）來說明：一個符號是從某方面與第二個符號，即它的「對象」（objet），連結在一起的東西，使得這同一個對象和第三個事物產生關係，即它的「詮釋項」（interprétant），這是為了讓第四個事物和這個對象產生關係，以此類推無窮無盡（ad infinitum）[7]。在符號本身的核心內，有稱為「詮釋項」的第三方介

入,它主要並非代表個人,而是構成了整個符號並在「代表物」(representamen)——符號的聲音和視覺意象——以及符號所呈現可感知或可想像的「對象」之間發揮媒介作用。符號從來都不反映孤立的事物,而是反映它本身也是構成元素之一的象徵結構(structure symbolique):嚴格指向性的圖式在這裡只變成一種假定的特殊情況(un cas limite fictif)。詮釋項在它和對象之間的關係中對符號發揮評論、註解的作用。符號和詮釋項的結合唯有透過說話者(locuteur)和接受者(récepteur)之間已經大致建立的經驗共同性才會成為可能。一系列詮釋項的不確定性充分表示這始終關乎受空虛感所侵襲的生活經驗。詮釋項開啟了一連串詮釋,這一連串詮釋只存在於調控並支配它們的習慣之中:「一種表達的用法就是讓我們能夠辨認出表達涵義的基本特性」[8]。

因此這張幾乎無限的交織網使得理解變得困難。如果字詞應該指示事物,那麼字詞本身就是我們可以用其他字詞來指示的事物而且它們就具有一種「色彩」,亦即引起聯想的力量(un pouvoir évocateur)。所以一種語言並不嚴格執行指稱功能

（fonction dénotative）：然而倘若一個命題的真理價值在其字面意義之中，語言的文化相對主義就證明了一種更為全面的相對主義。可替代性原則（le principe de substituabilité）[9] 於是遭遇阻礙：假如語言相異的兩種表達有共同的指涉（référence），那麼我們可以把一個陳述（énoncé）中一種語言純粹指示性表達的出現（occurrence）用另一種語言表達的出現來替代；但是在替代無法實現*保全真值（salva veritate）*之處，抵制替代的出現並不純然是指示性的且表達失去其透明度。於是我們需要處理「指涉的不透明性」（opacité référentielle）[10]：從此，就只有詮釋項的空間[11]。蒯因就特別指出過，當兩種語言完全無關時，要在其中一種語言用另一種來翻譯的困難：當一隻兔子經過，原住民在探險家面前說出這個「*Gavagaï*」表達的著名例子就旨在說明這些困難[12]。這個表達指的是「兔子」，或「這是一隻兔子」，還是「兔子的一部份」，一種兔科表現（une manifestation de léporidé）等等的意思呢？我們迎面撞上翻譯的不確定性。所以沒有必要為真理尋求穩定的基礎：語言或許只是一種社交藝術，溝通則依靠說話者之間的默契

才發生作用。在兩本敵對的翻譯教材之間,沒有任何經驗、任何科學準則能夠為它們裁決[13]。因此不可能去說原住民在「講什麼」:說某人在講哪一件事只會是等於說我們如何提議把他講的話翻譯成我們的話。翻譯不確定性的主張和指涉不可探知性(inscrutabilité)、假定本體論之相對性的主張有關。賦予原住民邏輯一致性或最低限度的理性甚至可能不再具有正當性:比起談論共同理性(rationalité commune),蒯因更偏好談論學習共同體(communauté d'apprentissage)。於是我們就需要處理全面的相對主義:一種語言所「特有的」東西就經驗而言將會是不可論證的,因此也是不可探知的。

註釋

1 參見丹尼斯·庫什(Denys Cuche),《社會科學中的文化觀念》(La Notion de culture dans les sciences sociales),Paris,La Découvrte 出版,1996 年,頁 23。

2 鮑雅士,《種族、語言及文化》(Race, Language and Culture),New York,Macmillan,1940 年。

3 涂爾幹及牟斯,〈文明觀念註釋〉(Note sur la notion de civilisation),參見涂爾幹,《社會學報》(Journal sociologique),Paris,P.U.F. 出版,Paris,1969 年, 頁 681–685。

4 涂爾幹,《社會學年鑑》(L'Année sociologique),第 IV 期,1901 年,頁 141,由庫什引述,《社會科學中的文化觀念》,同前註,頁 24。

5 涂爾幹,《社會學年鑑》,第 XII 期,1913 年,頁 60–61,由庫什引述,《社會科學中的文化觀念》,同前註,頁 25。

6 班傑明·李·沃爾夫 (Benjamin Lee Whorf),《語言、思想及現實:班傑明·李·沃爾夫著作選》(Language, Thoughts and Reality: Selected Writings of Benjamin Lee Whorf),Cambridge 和 New York,M.I.T. Press 及 John Wiley 出版,1956 年,頁 252。

7 參見皮爾士,《論符號》(Écrits sur le signe),Paris,Le Seuil 出版,1978 年。

8 維根斯坦,《藍皮書》(Le Cahier bleu),Paris,Tel-Gallimard 出版,1998 年,頁 143。

9 參見弗列格 (Gottlob Frege),〈意涵與指稱〉(Sens et dénontation),收錄於《邏輯和哲學著作集》(Ecrits logiques et philosophiques),Paris,Le Seuil 出版,1994 年,頁 111。

10 參見蒯因 (Willard Van Orman Quine),《詞與物》(Le Mot et la chose),Paris,Champs-Flammarion 出版,1999 年,第 IV 部分,§30。

11 問題已由史賓諾莎提出:參見《倫理學》(Éthique),第 II 部分,命題 18,附釋。

12 參見蒯因,《詞與物》(Le Mot et la chose),同前註,第 II 部分,§7–10。同樣參見:〈存有論的相對性〉(Relativié de l'ontologie),Paris,Aubier 出版,1977 年,第 II 部分,§2。

13 蒯因,〈存有論的相對性〉,同前註,頁 63。

文明之間的誤解（mésentente）

但如果按照蒯因的觀點，他認為我們是「在我們語言的故鄉（clocher）範圍內」思考，甚至連我們的本體論都是如教區般的狹隘（parochiale），不可溝通的特性顯然無法克服。這裡與普遍性相對立的是「鄉土精神的」(l'esprit de clocher)、「外省的」(provincial)或「本位主義的」(parochialisme)領土收復主義（irrédentisme）。文化的多元性必然包含誤解而各文明之間的關係則必然導致緊張情勢，甚至帶來暴力。在一九九六年出版的《文明衝突論》(Le Choc des civilisations)中，杭亭頓（Huntington）首先回應由福山所提出既充滿田園牧歌又具意識形態看法的歷史終結來捍衛這項主張。他指出，人類世界必然是多極和多文明的[1]，且在冷戰期間三大集團的對抗之後，歷史將會是關於文明之間的對抗，他列出總共有八個：中國文明、日本文明、印度文明、伊斯蘭文明、東正教文明、西方文明、拉丁美洲文明以及非洲文明。這些文明因此都是「偉大的文化」。就某種意義來說，世界是二元的，但往後核心區別將使得當

前的優勢文明,即西方文明,和其他文明投入競爭,即便後者彼此之間鮮有共同點[2]。因此杭亭頓模仿「施密特式的」(schmittiens)語氣[3],宣稱為了確定自己,我們需要找出敵人。文化或文明因素也越來越影響國家之間的利益衝突,甚至會比潛在的國家內部對立還要重要:俄羅斯和烏克蘭就是如此。杭亭頓很明確地援引了涂爾幹和牟斯[4],但事實上,他對文明觀念進行一種詞義的症候轉移(déplacement symptomatique),導致他關於文明的簡化觀點。牟斯已指出過在他看來依然很邊緣的、「文明一詞的第三種意義」:「就是我們把文明一詞幾乎只適用於道德和宗教論據的意義」[5]。

然而,杭亭頓在文明的區別中賦予宗教一個決定性的作用:「一場戰爭過程裡,身分差異變得模糊不清,最後占上風的是在衝突方面最有意義的差異。它幾乎總是由宗教所定義」[6]。宗教構成了文明戰爭的動力。但是,那卻涉及一個有爭議的推論:例如我們怎麼能不考慮在印尼和塞內加爾身為伊斯蘭信徒方式的差異而打算談論伊斯蘭文明呢?杭亭頓傾向把文明的觀念「物質化」(substantifier),將它變成單純依附宗教的表達方

式（l'expression d'une adhésion religieuse）；這是忘記了宗教戰爭會在同一個文明之中，甚至是在一個國家的內部展開。

當牟斯著重於「文明諸現象」的定義，杭亭頓則傾向要為它們找出不可化約的本質，而這個本質使它們成為慣性的系統，無法知道轉變過程的內在動力。自由的問題遭到邊緣化，為了讓呈現如同需要承擔之命運的文明歸屬取得決定性的地位。文明的*衝突*（clash）傾向將人類世界的複雜性簡化成單純實體與同質實體（entités）間的衝突，但是這個觀點卻顯得極具摩尼教（manichéenne）色彩，使得人類衝突的政治層面遭到抵銷，然而卻唯有政治才能夠管控並限制戰爭成形。想要基於「我們」與「他人」之間的鴻溝來建立文明之間的關係，這個心態其實導致每個文化領域都涉及一種虛構的認同：透過把他人變成潛在的敵人，它達到否認構成每個文化認同的他異性（altérité）部分的目的。總而言之，聲稱對抗他者（l'autre）的這種概念觀的支持者最終對抗的是他們自己，就是透過驅逐自身內部的他者部分——我們之中的他者而非我們之外的他者。這個態度於是必然導致文化貧乏和虛無主

義。相反地，要防範文明衝突、克服認同排他主義（les exclusivisme identitaires），就有賴於每個文明認識到構成其自身文化認同的他異性部分。文明的身分認同從來都不是單純的認同，而是一致性和差異性的認同：正是在此意義下，一個文明才真正具有生命力。

註釋

1 「多元的諸文明構成了本書的主題」，杭亭頓，《*文明衝突論*》，Paris，Odie Jacob 出版，2000 年。

2 杭亭頓，《*文明衝突論*》，同前註，頁 18。

3 參見施密特，《*政治觀念*》(*La Notion de politique*)，Paris，Calman–Lévy 出版，1972 年，頁 114。關於文明和純政治之間的對立主題，參見施密特的小著作，《*哈姆雷特或者赫庫芭*》(*Hamlet ou Hécube*)，Paris，l'Arche 出版，1992 年（尤其是附錄 2：*論莎士比亞戲劇的野蠻性格*〔*Sur le caractère barbare du drame shakespearien*〕）。

4 杭亭頓，《*文明衝突論*》，同前註，頁 45。

5 牟斯，〈諸文明：要素與形式〉，同前註，頁 248。

6 杭亭頓，《*文明衝突論*》，同前註，頁 401。

相對主義的限度

因為由呈現共同特徵的不同文化所組成，文明已經必須以傳播每種文化的個別特點為前提。任何文明於是已經意味著一段文化涵化（acculturation）過程。這個名詞原本是由美國人類學者鮑威爾（J. W. Powell）於一八八〇年所創，用來稱呼外來移民接觸美國社會之後在生活和思想方式上的轉變。在「acculturation」這個詞裡，前綴詞「a」並非帶有否定意涵，按其字源拉丁文 ad，表示的是一種靠近的運動。一九三六年，負責籌備文化涵化事實研究且由羅伯特·雷德菲爾德（Robert Redfield）、拉爾夫·林頓（Ralph Linton）和梅爾維爾·赫斯科維茨（Melville Herskovits）所組成的委員會，在其《文化涵化研究備忘錄》（*Mémorandum pour l'étude de l'acculturation*）提出了成為具有權威性的定義：「文化涵化就是在來自不同文化的個人群體之間產生連續而直接的接觸並引起一或兩個群體的原初文化模式（patterns）改變的全部現象」[1]。文化涵化歸根究柢不是一種只能有內部因素的單純「文化轉變」，也並非一個

群體的文化根源徹底消失且徹底內化於主流文化的「同化作用」(assimilation)。

除非把一種無法視為其終極目標的徹底文化轉變作為必要的前提，不然這裡所關乎的始終是在其本身內永不終止的動態過程。這個過程因此仍然是有所趨向的：一種初始文化的轉變是透過「選擇」(sélection) 要採納的文化片段來實現，而這個選擇則屬於獲取端文化 (la culture preneuse) 深層趨勢的一部份。正是因為這些群體在面對外來因素引起的文化轉變時從不保持被動，所以文化涵化永遠不會導致貧乏的一致化 (uniformisation)。文化涵化因此同樣假定了抵抗現象。赫斯科維茨 (Herskovits) 運用「再詮釋」(réinterprétation) 的觀念來表示「這個將舊有意涵授予新元素或新價值改變舊有形式之文化意涵的過程」[2]。但是這個再詮釋的過程並不妨礙文化「遺跡」(survivances) 的存在，也就是舊文化元素原封不動地保留在多方融合的新文化中：這些遺跡或許證明了在任何文化涵化的過程中文化總是對抗自身的慣性力，而且可能完全支持多元文化主義的合法性。後者要求得到文化多元性的官方政治承認以及平等地對待其表達方

式。多元文化主義因而從根本上反對在唯一私人領域中壓抑文化差異表現的同化主義。相反地，它能依賴制定「優惠待遇」或「矯正歧視措施」（肯定性行動）的政策來補償因為種族中心偏見所造成的負面歧視影響。多元文化主義的理論化尤其是經由查爾斯·泰勒（Charles Taylor），而他並不以此反對個人主義[3]。作為文化多樣性的管理模式，事實上多元文化主義被指控藉由防備外來移民之間保存的「原籍文化」而偏袒某些文化的具體體現。因為把社會當成不同種族社群並存的結果來理解還有迫使個人從他們原本屬於這個或那個社群的背景來定義自己，文化多元主義讓社會關係變得強調種族特徵（ethnicisation）。

於是它可能使得威脅要將社會瓦解的社群主義和群體間的認同衰退（le repli identitaire de groupes）具有正當性。但是多元文化的訴求並不必然意味社群的衰退。相反地，這些訴求可以是社會越來越有個性（individualisation）表現以及從通常是兼容並蓄的文化融合中形塑出性格的個人，其尋求認可之根本需要的表達。從那時起，多元文化主義就只反對希望把人類個體視為抽象個人（personnes abstraites）的人為普遍主義（universalisme artificiel）。建立抽象世界性文明的憧憬只會導致對特定文化特徵的貶抑並懷有跨文化的交流（les échanges interculturels）必須以犧牲文化內的交流（les échanges intraculturels）為代價之錯覺。

因此文明多元性並非必定是引發戰爭的因素：它證明了文化間合作的必然現象以及經由反覆驗證觀察到的普遍性。一個已知文明的每個成員對其他成員所能夠且必須表示的感激與謙卑之情，只能基於認識到顯示人類有多樣性之能耐的區別差異而成立。就如李維史陀強調指出的：「不存在也不能有一種我們賦予其絕對意義的世界性文明，因為文明意味著提供各個文化最大程度多樣性的文化共存，甚至它就是由此共存而形成」[4]。

將諸文明的多樣性視為文化圈一樣來認可並不必然導向相對主義，尤其不會在李維史陀的思想中出現。超越種種文化特殊論（particularismes culturels）以外，後者強調存在於人類文化和文明之間的結構同源性（homologies structurales）。當民族學家堅決主張強調文化成員都仰賴一種具有生產力的潛意識（un inconscient productif），

那並不是單純發揮壓抑作用的潛意識（un simple inconscient de refoulement）而是表現為不言明的或視覺的同義詞：結構求助於每個意義內容之間恆常不變的關聯，而這個關係則求助於規定內容具有何種形式的能力[5]。此無意識活動構成了人類精神的象徵性骨架（l'armature symbolique）。於是神話藉由與其他神話或同一神話在一轉化群體之中不同變體的關聯帶來好處，即經過調節之可能性的組合。神話故事越展現出結構的恆久性，就算不同的民群使它們以變體形式經歷轉變，它們就越表現為對於同一符號矩陣之邏輯的可能性探索[6]。假如隸屬不同文化的人們彼此可以交流，這就不只是因為曾經有過被當作存在事件（événement existentiel）的遭遇，而是因為在擁有相同心理設置（équipement mental）的主體之間，交流的客觀可能性是祕而不宣的。

　　對李維史陀來說，存在一種人類心靈參與之客觀世界所固有的可理解性（intelligibilité）。就算文化內容改變，潛意識的形式結構仍會繼續存在，作為資料的組織性布置而正常運行：「潛意識不再是個人特色所無法表明的藏匿處，唯一故事的保存

者，它使我們每個人都成為無可取代的存在。它簡化成我們用來稱呼一種功能的術語：即象徵功能（la fonction symbolique），為人類所特有，大概是，但在所有人身上，它都依據相同的法則表現出來」[7]。

這完全是有關於發掘心靈常數（constantes de l'esprit）的問題：「我們並不打算指出人們如何在神話之中思考，而是要指出神話如何在人們之中被思考，在人們不自覺的情況下」[8]。心靈的普遍性在李維史陀的思想中表現為一種必要的假設，經由事實而變得更加確定，舉例來說，禁止亂倫的事實在所有人類文化中都能找到證據：一定有共同親屬的堅固核心。同樣的心靈架構也在邏輯範疇、某些制度形式和神話布置安排中落實[9]。「原始人」跟「文明人」都呈現相同的架構。這些共同屬性只是人類「大腦結構」的體現[10]。歸根究柢，李維史陀可能會贊同杜梅吉爾（Georges Dumézil）提出的論點：「人類心靈在本質上就是有組織和有系統的，以同時發生的多種形式生活——乃至於在任何時代，除了由歷史相繼帶來的貢獻而說明的次要情結（complexes secondaires）之外，諸文明中或許存在更根本、更堅定不移的原初情結

（complexes primaires）」[11]。於是打從一開始就在此預設了一種心靈的共同體。

註釋

1. 由庫什引述，《社會科學中的文化觀念》，同前註，頁 53。
2. 赫斯科維茨，《文化人類學基礎》(*Les Bases de l'anthropologie culturelle*)，Paris，Payot 出版，1952 年。
3. 參見泰勒，《多元文化主義》(*Multiculturalisme*)，Paris，Champs-Flammarion 出版，1997 年。
4. 李維史陀，《結構人類學第二冊》，同前註，頁 417。
5. 「無意識活動是在於將形式強加於內容」，李維史陀，《結構人類學第一冊》((*Anthropologie structurale I*)，Paris，Plon 出版，1971 年，頁 28。
6. 參見李維史陀，《結構人類學第二冊》，同前註，第 XIV 章。
7. 李維史陀，《結構人類學第一冊》，同前註，頁 224。
8. 李維史陀，《生食和熟食》(*Le Cru et le cuit*)，Paris，Plon 出版，1964 年，頁 20。
9. 同上，頁 346。
10. 李維史陀，〈論民族學事實的特性〉(Sur le caractère distinctif des faits ethnologiques)，《道德與政治科學學院工作回顧》(Revue des travaux de l'Académie des sciences morales et politiques)，第 CXV 號，第一學期，1962 年，頁 217。普特南 (H. Putnam) 也著重指出這點：「人類利益、人類認知過程，必須有一個*結構*，這個結構沉重地受先天或本質因素所決定。人類天性在這點上並非可塑的」《意義與道德科學》(*Meaning and the Moral Sciences*)，Londres，Routledge&Kegan，1978 年，頁 56。
11. 杜梅吉爾，《印歐民族的諸神》(*Les Dieux des Indo-européens*)，Paris，P.U.F.，1952 年，頁 80。

最初源頭的普遍性

　　諸文明的多樣性非但沒有構成困難，反而讓我們了解到，根據總是特殊的在地情況，相同的技能必定會產生不同的表現。那麼李維史陀的見解就似乎加深了露絲・班乃迪克（Ruth Benedict）的觀點，她曾經是鮑亞士的學生和研究助理。後者的工作致力於「文化類型」（types culturels）[1]的定義：每個文化的特徵都透過某種組態、某種典範及形式顯示出均勻一致的整體性。但對於李維史陀來說，我們不該滿足於將類型揭示，而應該要滿足於挖掘原型（archétypes）或基本模式（schèmes fondamentaux），其中諸文化的類型（les types de cultures）或許不過只是裝飾風格（stylisation）。李維史陀本人就重新挪用風格的觀念以便使其發揮決定性的作用：「一個民族的整體風俗習慣始終帶有一種風格色彩；它們形成各種系統。我深信這些系統的存在數量並非無窮無盡，且人類社會就如同個人──在他們的遊戲、夢想或譫妄之中──從來都不以絕對的方式創造，而是侷限於從可以重新構成的理想資料庫中選擇某些組合」[2]。就算在構思

未來文明或烏托邦的能力範圍內,人的想像仍然只是以原本的方式將既有元素進行重新組合。於是,每個文明本身都表現為處在源頭之模式、象徵形象的後續實例化(l'instanciation en aval)。普全(l'universel)和特殊(le particulier)之間的矛盾在這裡被解除了:文明的多元性因此是人類心靈傾向(dispositions de l'esprit humain)每一次具體的變化(déclinaison)。根據這個假設,一種文化或整體文化的精神或許本身就是人類精神普遍常數的可能例證之一,孟德斯鳩早已提出,他遠遠沒有從天真的文化相對主義得到滿足,反而預先假定人與人之間關係的純粹語法(une grammaire pure des rapports entre les hommes):「**在生命有智慧的存在以前,它們是有可能性的存在。它們於是可能有某些關係,因此就可能有某些法律。在有法律的制定以前,可能已經有某些裁定是非的關係。認為除了實證法所規定或禁止的事物之外沒有什麼是公正或不公正的,就等於是說,在畫出圓圈以前,所有半徑的長度都不相等。因此必須承認,公平性(équité)的關係在實證法將它們制訂以前就已經存在。在智慧存在物尚未存在之時,他們已經有了**

存在的可能性,他們彼此之間有可能存在著某些關係,因而也就可能有了某些法律。在制定法律之前,就可能存在著某些裁定是非的關係。斷言有了規定和禁止某些行為的人為法之後,才有公正和不公正的區別,那就不啻於說,在畫出圓圈之前,所有半徑都是長短不一的。所以,我們必須承認,在人為法確立公正關係之前,就存在著公正關係。」[3]。

正如圓的「關聯意象」(figure liée)——不同於任何對應單純概念定義的純抽象形式——先於其具體圖像的存在,諸文明以各自的方式勾勒出預設基本人類姿態(attitudes humaines fondamentales présupposées)的普遍輪廓[4],亂倫禁令,債權人與債務人的關係,以及更廣泛地說,要求感激之所有無法迴避的互惠(réciprocité)準則都是如此——孟德斯鳩自己的引述。孟德斯鳩強調法的精神超出民族的精神,使我們能以普遍的尺度來審理後者:「史上最為人稱道的和平條約,我認為是格隆(Gélon)和迦太基人所簽署的。他希望他們廢除祭獻孩童的習俗。令人讚賞之舉啊!戰勝了三十萬名迦太基人,他所要求的條件卻只對他們有利,或不如說他是在為人類立下規定」[5]。確實有

一種人類的共同財富,即每個文明都要以風格化方式來表達人類社會關係的純粹語法。每個文明因此會是這份社會生活之客觀先驗模式(schèmes transcendantaux objectifs)的共同財富,經歷語境化(contextualisation)的結果。

甚至這還有可能是眾多人類擁有「思想的共同寶藏」。翻譯於是顯得合情合理,因為問題不僅僅是理解並傳遞表徵(représentations),而完全是關乎意義。人類對自己提出的諸多問題——無論是從知識還是從行動的觀點來看——都具有客觀的現實,是一種每個文明都相繼要面臨的、自在的現實(une réalité en soi)。此處我們重新認出弗列格(Frege)的論點,對他而言:「思想並不像表徵特別屬於它所代表的事物那樣格外地獨特:它站在所有構思它的人面前,始終以同樣的方式並且與本身一致」[6]。誠然,在人類身上,思想活動總是混合了賦予它獨特性色彩的表徵與感受[7]:它總是連結某個承載媒介(porteur)、一個或多或少意識到自己是融入社會整體之中的主體。在這情況下,思想活動因而總是以特定的措辭(tour particulier)表現出來,容易衍生各種各樣的變化,就像語言上

的諸多差異所呈現的,但是這些差異又註定彼此有所交集:「認識到思想的語言外衣並非恆久不變,我們學會將它更明確地和使它呈現出像在既定語言中自行發展的核心力量分離。語言的多樣性就是這樣促進對於所謂合乎邏輯的理解」[8]。因此思想並非我們的創造,而是我們的發現:相對主義和建構主義——兩者通常緊密不分——在此遭到遣散。意義的世界不能歸結為語言學的現實,也無法是心理學的現實。弗列格的最終論點就是存在「第三國度」(le troisième royaume)介於表徵和事物之間,構成完全客觀理想性的領域,俯瞰視狀況而不定的經驗現實(la réalité empirique circonstancielle)。

卡爾・波柏(Karl Popper)重新採納此論點:「我們有權區分下列的三種領域或世界:第一種,有形物(objets physiques)或物理態(états physiques)的世界;第二種,意識態(états de conscience)或精神態(états mentaux)或者也許是行為傾向於行動的世界;第三種,客觀思想內容(contenus objectifs de pensée)的世界」[9]。儘管這第三種世界必定涉及活躍於其社會文化背景之人類的存在,它擁有本身的自主性並以其包含之問題

的客觀阻力來對抗人類個人或團體[10]。於是我們將發現,在天真的現實主義之外,客觀精神事物本質的本體論深度。文明的重要性因此不僅是承認這個在思想之上的現實,還要承認這個現實的各種不同且相對自主的領域都對應人類生活不同區塊的自主性,如政治、經濟、道德、宗教、藝術,以及呈現出其特徵的特定不變量(invariants spécifiques)。意義的開展(dépli du sens)在這些不同的原始領域之間實現,而任何文明都在呈現出否定它們各別自主性的時候衰退。當文化是呈現人類特徵之「意義的虧欠」(dette du sens)的回應時,文明則藉由實現這種意義的開展,在如此多構成人類普遍處境所能夠引以為證之真正「精神外省」(provinces spirituelles)的自主領域中走得更遠。相反地,否認這個自然而然的分裂是蒙昧主義自我封閉的標記[11]。

因此,諸文明可以彼此不同且多變,然而又總是呈現能夠阻止陷入犬儒相對主義之中的客觀共同核心力量。這個建立在不變基礎之上的的諸文明變奏不僅僅屬於空間也屬於時間秩序。我們質疑這件事實,是否諸文明終有一死、它們註定出現並消失。歷史時間的擺盪概念觀早已納入一種沒落、甚

至是諸文明之死的想法。不過，對於保羅・梵樂希（Paul Valéry）的存在憂慮（inquiétude existentielle）：「我們其他，文明，我們現在知道我們是會死的」[12]，羅傑・凱洛瓦（Roger Caillois）已經用最樂觀的方式加以回應，藉由強調已逝文明始終透過其他文明而繼續存在：「我們其他文明，我們最近才確信我們將永遠無法徹底消失，我們的灰燼肥沃可供滋養。文明終有一死的時代已經過去了」[13]。

然而，諸文明的存續並非沒有條件。卡爾・帕柏接著重新提出諸文明是否有消失可能性的問題並提起思想的兩種經驗。在第一種情況下，他想像我們所有的機器和工具都遭到摧毀，我們關於機器和工具的全部主觀知識也隨之毀滅：不過要是圖書館以及我們汲取知識的能力都成功留存下來，文明將能夠重新發展。相反地，在第二種情況下，如果一切包括圖書館都毀滅，透過閱讀書本汲取知識的能力變得毫無用處：「沒有經過數千年，我們的文明將不會有任何重生的可能」[14]。**這裡，圖書館的地位概括說明了現實和第三種世界自主程度的重要性，任何人類文明都在這點上彼此相連，每一個都構成一個折射角**[15]：倘若確實存在人類的客觀精神，那它

就沒有什麼絕對精神：它依然仰賴人類主體及他們所建立的人造物。因此，它唯有藉由文明實際且具有歷史性的經驗才可讓人理解。人類的客觀精神只有透過個別文明的虹彩確保其折射才能樹立。

註釋

1. 班乃迪克，《文明樣本》(Echantillons de civilisations)，Paris，Gallimard 出版，1950 年（英文書名為 Patterns of Culture〔中譯：文化模式〕，於 1934 年出版）

2. 李維史陀，《憂鬱的熱帶》(Tristes Tropiques)，Paris，Presses Pocket，1992 年，頁 205。

3. 孟德斯鳩，《論法的精神第一卷第一章》(De l'Esprit des lois, I, 1)，《著作全集》，第 II 卷，「七星文庫」，Paris，Gallimard 出版，1951 年，頁 223。關於這一系列問題，參見拙作：《孟德斯鳩與自由》(Montesquieu et la liberté)，Paris，Hermann 出版，2010 年。

4. 因此這就關乎基於榮格見解的超驗圖式或母體原型。

5. 孟德斯鳩，《論法的精神第一卷第一章》，同前註，X，5，頁 381-383。

6. 弗列格，《遺著》(Écrits posthumes)，Paris，Chambon 出版，1994 年，頁 157。

7. 然而，即使倫理價值也呈現出一種超越行為主體之利益和情緒的客觀性，參見馬克斯・舍勒（M. Scheler），《倫理學中的形式主義與質料的價值倫理學》(Le Formalisme en éthique et l'éthique matérielle des valeurs)，Paris，Gallimard 出版，1955 年。

8. 弗列格，《遺著》，同前註，頁 167。

9 波柏,〈無認知主體的知識論〉(Une épistémologie sans sujet conaissant) 收錄於《客觀知識》(La Connaissance objective),Paris,Aubier 出版,1991 年,頁 181-182:「與我的第三種世界最為相似的,就是弗列格充滿客觀內容的宇宙」。

10 讓我們看個例子:直角三角形的畢達哥拉斯特性(pythagoricité)並不限於由畢達哥拉斯所提出的歷史著名論證版本,而是基於在直角兩邊所繪製圖形之間更為深層的相似特性:此一特性構成其本體原因(sa cause nouménale)。參見巴舍拉(Bachelard),《應用理性主義》(Le Rationalisme appliqué),Paris,P.U.F. 出版,1966 年,頁 86-97。

11 我們可以在施密特的著作中找到批判文明觀念的例子:參見《政治觀念》(La Notion de politique),Paris,Calman-Lévy 出版,1972 年,頁 62 和頁 118-120(參見李維史陀,〈評卡爾·施密特的政治觀念〉〔Commentaire de la notion de politique de Carl Schmitt〕,收錄於海因里希·邁爾〔Heinrich Meier〕,《卡爾·施密特與李歐·史特勞斯》〔Carl Schmitt, Léo Strauss〕,Paris,Commentaire-Julliard 出版,1988 年〕。任何宗教基本教義(intégrisme religieux)都具有同類型的否認。

12 梵樂希,《精神的危機》(La Crise de l'esprit),Paris,Gallimard 出版,1919 年。

13 由德尼·德·胡居蒙(Denis de Rougemont)引述,《致歐洲人的公開信》(Lettre ouverte aux Européens),Paris,Albin Michel 出版,1970 年。

14 波柏,〈無認知主體的知識論〉,同前註,頁 183-184。

15 波柏收錄於《客觀知識》的這篇文章重述之前的一篇文章:參見《開放社會及其敵人》(La Société ouverte et ses ennemis),Paris,Seuil 出版,1979 年,第二卷,頁 74-75。

作為反思過程的文明

天文的實象及文化史

即便文明可以定義成一種過程,沒有任何證據顯示它是一種依時間序列流逝的單線進展:更恰當地說,這個過程指的是一種自我深化的邏輯(logique),經由對於單純接受之文化歸屬感的批判超越。文明因此可以定義為此反思過程的經驗本身,使人得以置身於自己的母體文化之上,重新發現它所包含、隱藏在其特殊性本身核心中有關普遍性的部分。就如黑格爾所見,文明與單純繼承的文化(la simple culture héritée)不同,而是與主體特異性(singularité subjective)之真正自為的存在(l'être-pour-soi)的解放呼應,顯現為超越糾纏所有人類文化關於普遍性和特殊性之間的緊張關係的具體經驗。

作為倫理實質的母國文化

縱然文明可以首先將自身定義成人類為了凌駕直接感知（donné immédiat）並擺脫其動物條件（condition animale）所付出的努力，與自然的對抗仍然顯現為諸多文化發展過程偏離原本方向的首要原因。人類從來都不是以抽象方式實現自我[1]：人類特有的象徵化作用必然只能以特定方式來實現。人的普遍能力必然有透過賦予自身具體內容（contenus concrets）來互相區別的傾向[2]。而這項表意能力（compétence symbolique）的無常多變與流動不定，都是其創造力和發明才能的對立面。這就是為何人類文化也是約定俗成的世界，因而呈現出相對性的特徵。因此，語言能力總是在各種形成同樣多不同符號體系的特定語言中實現，而每個語言符號都取決於說明人類精神自由之約定俗成且任意的關係。但這個自由並非絕對的：它總是根據當前情況，在與必然阻礙它的外在性的對抗之中經歷體會。每種文化從它與其他事物相比的差異來表明個別的決心：這個「其他事物」正是從各方面將人類自由打上有限性（finitude）標誌的自然。

一切人類文化都參照孟德斯鳩所稱的「事物的自然」（la nature des choses）：「法就是從事物的自然中產生的必要關係」[3]。孟德斯鳩在此點出氣候、土壤種類、領土範圍、人口密度等等的作用。誠然，儘管自然存在於人類事物之中，這些事物卻並非全部存在於自然界，反而是它們的錯綜複雜使法的普遍精神總是在孟德斯鳩所稱的「民族精神」（l'esprit d'une nation）中體現。黑格爾將從這些分析得到啟發：「事實上，精神若不自我分裂、不在自然需求以及與外部必然性之間的關係中賦予自身此限制和有限性、總之不融入其中，超越它並因此取得客觀經驗感受（expérience empirique objective）來形成自己，就無法獲得其實際現實（réalité effective）」[4]。

　　人一向是在對他來說熟悉的特定文化中感受到其人性。他就是這個能夠有「第二次誕生」（seconde naissance）的生命體，只要他的形塑是經由孟德斯鳩已稱之為風俗的事物且在黑格爾那裏變成 Sittlichkeit（倫理生活）：「這個倫理生活的習慣變成第二自然，取代了純自然的原始意志，意即屬於個人經驗存在的靈魂、感官和現實」[5]。

此外，關於這個構成文化本身元素的倫理生活，黑格爾還進一步說明：「它把人視為自然的存在，呈現一條使其重生、將其第一自然轉變為精神性的第二自然，以至於這個精神性的元素對人來說成為一種習慣」。因此，文化——就民族學意義上而言——透過習俗的力量以其最能廣泛流傳的形式將自身傳遞下去。作為與自然對峙的精神成果，文化卻矛盾地表現出自然性（naturalité）的特徵；於是它首先以不經思索的方式來傳遞自身。習俗透過耳濡目染形成：我們的信仰甚至我們身體的姿態都依賴文化符碼[6]。人從自然中掙脫，卻又總是重新回到沉浸狀態，與他所繼承的特定文化有關。

由於仰賴文化*習癖*（habitus），他因此顯現為受外在影響左右的生命：一切透過文化的人為產物永遠都首先是*習癖*的「複製」。風俗並不是像嚴格物理原因所能夠造成的那樣機械性，但它們也不是有意識地形成：它們是「受影響的」（inspirées）並發揮著擴散力量。影響的觀念本身首先讓人想到的是壓力難以感知的見解，就是我們在風俗觀念史中重新發現的：這個詞來自拉丁文的 *mores*，指的是所有屬於慣例（usage）的行為。

在希臘語中，就如亞里斯多德強調的，帶有「êta」（希臘字母的第七個字母）的 *éthos* 指的是由習慣所形塑的精神特質，而這個習慣本身指的是帶有「epsilonn」（希臘字母的第五個字母）的 *éthos*：「道德德行〔…〕是習慣的產物，其名來自於此，藉由對 *éthos* 這個字稍做修改。因此同樣顯而易見的是，沒有任何道德德行是從我們內在自然而然地產生的」[7]。亞里斯多德在 *êtikê* 和 *éthos* 之間操作一種文字遊戲，因為按照他的做法將短音「*é*」──字母 epsilonn──替換成長音「*ê*」──字母 *êta*──，這個詞的意思就會是「習慣」或「道德德行」。習慣本身旨在產生 *héxis*，也就是持久的稟性（disposition permanente），一種精神狀態。正如字源學所指出的，影響以沉浸之隱喻所進一步肯定的流體方式表現出來。因此，所有人都不知不覺、不假思索地沉浸在為他帶來初次認同的母體文化之中。儘管人總是在文化上取得自身的定位，這個制約（conditionnement）卻不一定會對他的自由造成阻礙，反而構成其自由的根基和轉變力量（levier），因為傳統已然是客觀精神活動的成果。我們全都是某種傳統的子嗣，但這個傳統也會一成

不變。當它變得僵化,就會因此成為束縛:黑格爾自己就承認「人也會死於習慣」[8]。從字面上來看,傳統終將扼殺賦予其活力的精神。

註釋

1. 黑格爾善於區分抽象作用(abstraction)的普遍性(universalité):參見《邏輯學:概念論》(Science de la logique, Doctrine du concept),Paris,Aubier 出版,1981 年,第二卷,頁 73。

2. 必須將卡西勒與黑格爾的文章對照並指出它們之間的一致趨向:在《符號形式的哲學:問題的引言與闡述》(Philosophie des formes symboliques, Introduction et exposition du problème),Paris,Minuit 出版,1972 年,第一卷,頁 58,卡西勒呼應黑格爾所表明的主張,參見《邏輯學:概念論》,Paris,Aubier 出版,1981 年,第二卷,頁 74。

3. 孟德斯鳩,《論法的精神第一卷第一章》,同前註,頁 232。

4. 黑格爾,《法哲學原理》,§187,注釋,Paris,Vrin 出版,1986 年,頁 218。

5. 同上,§151,頁 195–196。

6. 參見牟斯,〈身體技藝〉(Les Techniques du corps),收錄於《社會學與人類學》(Sociologie et anthropologie),Paris,P.U.F. 出版,1973 年,頁 365–387。

7. 亞里斯多德,《尼各馬科倫理學》(Ethique à Nicomaque),第二卷,1,J.Tricot 法譯本,Paris,Vrin,1967 年,頁 87。

8. 黑格爾,《法哲學原理》,§151,同前註,頁 196。

從文化到文明

文化並不限於只作為倫理的實體,也就是透過傳統承襲下來的一整套信仰、價值、行為、秉性的集合。文化也被定義為同時需要依賴傳承的文化並透過自己對它重新思考以便作為個性受到公認的自我鍛鍊:這完全就是德語在文化作為 *Kultur* 和 *Bildung* 之間做出區別的見解。黑格爾曾堅持必要的自我陶冶,意味著對週遭文化進行積極的重新挪用,就是從與自然毫無區別的混雜中脫離出來的要件[1]。自我陶冶讓人能夠超越其自然定在(être-là naturel)、能夠拒絕自身作為一物種的無名代表(représentant anonyme),以便實現自己的真正個性(personnalité véritable):「倘若因此個體性(individualité)被錯誤地在天性(nature)和性格(caractère)的特殊性(particularité)之中提出,那是由於在現實世界裡沒有個體性和性格,但個人彼此之間卻具有平等的定在。此個體性的要求不過就是作為目的的定在(l'être-là visé),它未能於世上達到任何穩定,在這個世界裡凡捨棄自我的,因而是所謂普遍的(universel),就能獲得

現實性（effectivité）。作為目的的存在於是被當作其本來的存在、被視為一個*物種*」[2]。因此，作為自我陶冶（*die Bildung*）的文化尤其能夠讓人顯示其特異性（singularité），但這個特異性並不背向普遍者（l'universel），因為它反而是後者最為具體的實現。任何民族學意義上的文化都明顯以特殊性的方式存在，不過黑格爾想要強調的是，積極的自我陶冶經驗能夠讓人超越這個被迫接受的文化，追求表明個人獨特的身分，也就是其個性[3]。只要以個人的方式重新挪用，文化就為人提供了賦予自身真正原創性的能力，這個原創性不論是自然生命還是作為第二自然單純重複的習俗都無法提供：它於是呈現為一種普遍者的深化，也就是其具體實現。對黑格爾而言，獨特性不外乎是回歸普遍性（universalité）的特殊性，也就是關於不懶惰地沉溺在其母體文化的特殊性之中塑造自己，而是為了更確切表明其自我，透過普遍者來仔細審查此特殊性，想起他的原生文化的特殊性已由前者所確定並作為前者自身的元素包含在其內的個人。

因此，作為培育個性的文化是普遍者的凝結物，實際上離抽象作用的海市蜃樓更遠了一點。要

使這個培育產生,對於我們之中的每個人而言,只能藉由自願地重新挪用我們特殊的、作為一種倫理實體(substance éthique)的直接形式呈現出來的文化(*Kultur*),這是為了汲取其養分並從精神上「消化」(digérer)它,以便形成自我(*Bildung*):「當確信這個世界就是其本身實體的同時,自我意識開始將之據為己有。多虧文化(*Bildung*)它才獲得這個掌握世界的力量,從這個觀點來看,文化表現為使自身完全符合現實性的自我意識,只要性格和天賦的力量可及。在此作為個人的力量所表現出來的,實體落入個人掌控之下於是變成被取消的狀態,確切而言跟這個實質的實際現實化(l'actualisation effective)是同一件事〔…〕文化(*Bildung*)和個人的現實性因此完全就是實體本身的實際現實化」[4]。

作為自我陶冶的文化因此是由一雙重運動所構成:藉由異化,確立自我的直接確定性(certitude immédiate de soi)、其自然存在(être naturel),自我與普遍者相連,間接透過它特有的文化——就民族學意義上而言——來使自己變得充實,而相反地,通過此自我陶冶的操作,自我使這個倫理實質

復興,若無此積極的重新挪用,這個實質或許會經歷其精神的僵化並依舊徒具形式。倫理實質的確被界定為存在的精神,但多虧有修身養性之個人的自我陶冶,它成為一種意識到自我之文化的精神。每個因而被重新挪用的知識或技藝領域於是找到了新的生命:極端的例子有以死語(拉丁語或希臘語)來陶冶自我使之歸於己用並藉由這個過程,重新復活它們所包含的可能性。作為個性的自我陶冶的文明從作為倫理實質的文化中汲取資源,但透過將後者佔為己用,成形的個性將糾纏其倫理實質且一直以來就像受沉積的傳統重量所隱蔽的可普遍化特質(universalisable)挖掘問世。對於只通過總是有可能在過時傳統中僵化之影響的文化,取而代之的是通過深思熟慮的個人培育,追求獨佔其文化以便注入新氣息之個性的文明:相較於語言系統和它所傳遞的世界觀,充滿活力的言語(parole)和話語(discours)既已如此。黑格爾將此雙重運動總結為 *Entfremdung*(異化):「個人的文化,就這回顧面上,從它的角度來看,在於獲得此感知(donné)、消耗自己身上無機質的本性(sa nature inorganique)並將其佔為己有。然而,這

完全也等於是說普遍精神或實體賦予自己自我意識或它的變化（devenir）和思考（réflexion）」[5]。

此無機質的存在是文化實質的最初現形（apparaître initial），個人沉浸其中卻在形成自我的過程中使它復興並重新充滿活力。於是在文化（Kultur）事實上的特殊性（la particularité de fait de la culture）和對陶冶（Bildung）所帶來的獨特性的肯定之間確立一種批判性採距（distanciation critique），標誌出經過深思熟慮而形成的文化（culture réfléchie）——亦即與普遍者和解的文化，總之就是文明的經驗。透過形成自我，個人從他所身處文化的實體性（substantialité）中汲取養分而能夠為自己構成個性，但這個性必然會以全新視角看待他原本偏見中的母性溫情。文明因此挺立在當個人重新挪用其週遭文化並得以打破一切人云亦云模仿所產生的間隔之中。文明表現在文化面對自身所產生的「隔閡」（étrangement）裡，這個面對自身的文化同時讓文明重新獲得活力並使之接受批判見解的審視，畢竟陶冶是作為一種思考過程而呈現。個人於是不再能夠只是把他的文化穿在他童鞋的鞋底上就滿足了。藉由思考的導入，作為陶冶

的文化帶來這個有益的批判性採距,有利於引進其他文化特有的元素,使文化涵化有機會發生:這個涵化對於每位剛被社會接納的個人而言是嶄新的誕生,而對於社會團體來說則是有可能實現的復興。人於是有能力從未經思考的文化內部聯繫（communication intraculturelle irréfléchie）通向出於自願的跨文化交流（échanges interculturels volontaire）,只要他意識到人類精神的普遍性在每個文明中都發揮著作用。文化和文明之間形成的差距不僅有利於任何類型的創新綻放——如技術、藝術、科學、和*其他類型*——,也在於意識到隸屬其他文化、其他看待世界的方式與概念觀的元素所帶來的豐富貢獻。當傳統文化可以把人限制在帶有固定傾向之信仰的狹窄圈子裡,並導致一種文化自閉症（autisme culturel）時,文明則更能表現出心態的開放以及精神活動所恢復的生氣。

註釋

1. 黑格爾,《精神現象學》(Phénoménologie de l'esprit),第四章,Hyppolite 譯本,Paris,Aubier 出版,1981 年,第二卷,頁 56。
2. 同上,同樣參見 B. Bourgeois 譯本,Paris,Vrin 出版,2006 年,頁 427。
3. 「普遍 (l'universel) 在其內部就具有作為特殊性的一般規定性 (déterminité);其次,作為否定的否定,它是絕對的規定性,或特異性 (singularité) 或凝固作用 (concrétion) ……普遍性 (universalité) 和特殊性均顯示為特異性變化的時機 (les moments du devenir de la singularité)」黑格爾,《邏輯學:概念論》,Paris,Aubier 出版,1981 年,第二卷,頁 93。
4. 黑格爾,《精神現象學》,同前註,頁 57。
5. 黑格爾,《精神現象學》,同前註,前言,§28。同樣參見《法哲學原理》,同前註,§187,注釋,頁 219。

進步或反思過程

因此，顯然黑格爾是公認曾經對於從文化走到文明的這個過程思考得最仔細的人。不過，他把那形成文明特性的東西化做理論上「市民社會」（société civile）的名義，其特徵為此對應於關心如何贏得個性和自主權之個人的解放領域，多到涉及經濟、倫理、宗教等範圍。從很早以前，黑格爾就強調過市民社會出現所帶來的劇變，而這個主題始終是他哲學思考的核心[1]。當「市民社會」意味著——直到十八世紀為止——社會經由政治組織形成國家時，黑格爾是所有最早賦予它當代詞義表示非政治交流領域的人之一。

在亞當·史密斯（Adam Smith）的影響下，黑格爾很早就關注從像是 *Gemeinschaft* 的社會，即以傳統為根基的歷史共同體，轉變成像是 *Gesellschaft* 社會的過程，也就是被視為由進行有意識且經過思考之交流的自主個人（individus autonomes）所組成的結社（association）。然而，黑格爾的獨到之處在於重新思考文明的難題而沒有止步於經濟考量。他使被理解為自我陶冶的文化

成為個人在面對民族學意義上的文化，亦即普遍認定基於習俗的倫理實體，得以解放的力量來源：這個對峙的結果就是構成文明熔爐的市民社會。同樣地，在黑格爾看來，進步並非文明的起因：他在任何情況下都沒有贊同進步的神話，就像強加在十七和十八世紀，以及被自由主義和社會主義流派同樣濫用的那個神話。縱然有別於文化的觀念，文明的觀念是以其前綴詞 -tion 的影響為其特徵，對黑格爾來說後者指的不是一種單純的歷史進步，反而首先指的是一種反思過程。黑格爾是唯一一個了解若文明要符合真正的進步，這個進步就必須以作為其 *sine qua non*（必要條件）的某種反思批判過程為前提，而非延續迫使我們隨波逐流的進步幻象。倘若文明僅限於此，那麼毫無疑問它將只會是一種意識形態上廣泛的故弄玄虛，隱瞞實際發生的異化（aliénation），就這個詞所包含貶義的意思而言[3]。文化與文明之間的差距涉及個人對母國文化進行批判性重新挪用的能力，以及重新思考母國文化的能力。因此，我們理解對於黑格爾來說光靠時間無法指揮概念性工作的完成，相反地後者才構成時間真正的力量[4]並迫使它實行螺旋狀的轉動，就像螺旋

繞著環面旋轉。進步本身不會自行產生進展[5]，否則它既沒有意義也呈現不了真正的價值：唯有經由審視探究我們的傳統文化，才使我們能夠在道德和政治面上進步。

最後還是要強調，這個文化和文明之間內部的緊張關係無論如何都並沒有不存在於所謂的「野蠻」社會：假如文明的特徵是群體中的成員互相渴望要讓自己後天獲取和征服贏得的個性得到認可，那麼野蠻社會同樣也顯示出這個特徵。得到認可的渴望是源自人類的活動（anthropogène）[6]。就算是野蠻社會本身也存在這種它們用特定方式處理而不會加以忽視的緊張關係[7]。如同皮耶‧克拉斯特（Pierre Clastres）所指出的[8]，這個折磨古代人類社會的原動力顯示出具有個人色彩的個體性（individualité personnalisée）、政治意識和關注文化涵化的觀念並非完全不存在於這些社會裡。因此，長久以來我們都知道野蠻社會也經歷過爭取認可的鬥爭。盧梭曾經強調過作用在這類文化中關乎名譽的邏輯（la logique de l'honneur）：「由此產生了最初關於文明禮儀（civilité）的敬意，即使在野蠻人之間也不例外，而從此任何有心的過

錯（tort volontaire）都成為一種侮辱，因為對於傷害所造成的損失，被冒犯者看到的是對他個人的輕蔑，往往比起損失本身更加令人無法忍受」[9]。在其中盛行關乎尊重的邏輯（la logique de la considération）表達為這場爭取認可的鬥爭，特點就是人想要證明其尊嚴的過程。當然，在古代社會裡並沒有關於個別個人之間認可的制度保障，但對於認可的要求本身卻和他們的生活習俗糾纏不清，就像在任何人類社會中所呈現的一樣。相反地，在現代國家中，法律和政治制度雖被視為個體之間認可的保障，但關於公民身分卻仍然停在純屬形式且抽象的概念觀：作為文化與象徵意義深化程序的個性並未被納入考慮。由於要爭取認可，作為個體信仰的意見超越作為集體信仰的神話[10]。當「個體能夠將自己呈現為在社交關係中自我逃避並在反抗社交過程中進一步肯定自己」時，文明化的程序就突然展開了[11]。個體能夠去追求一種個性時，他們就進入充滿爭論的交往關係，想要重新定義他們之間的關聯，而在這麼做的同時，也改變了他們的共在（être-ensemble）。

這個擺脫任何實體黏滯性（viscosité substantielle)的交往遊戲(jeu de relations)在政治經驗中得到最極致的體現。正是以這種方式個體使其文化或其文化群體的特性轉向,賦予它一種風格,而這只是——依照西蒙東(Gilbert Simondon)的看法——「跨個體化」(transindividuation)的成就:「把現成的個性(personnalité toute faite)如同一件預先量身訂製的大衣帶給個體存在(l'être individuel)的並非群體。帶著已成形的個性去接近其他有著相同個性的個體,以便和他們形成群體的並不是個體。必須要從群體的個體化作用(l'opération d'individuation du groupe)來看,其中個體存在同時是共同結晶化過程(syncristallisation)所發生的環境(milieu)和施為者(agents);群體是眾多個體存在的共同結晶,而這個共同結晶化的結果就是群體的個性(la personnalité de groupe)」[12]。

單一個人的個體化同時參與了集體的個體化進程:個人的個體化是一種只能透過促進群體的個體化才能體現的進程。因此,文明特殊性的形成可以取決於各種必然經歷的客觀物理因素(facteurs physiques objectifs),但人無法滿足於忍受脈絡化

（contextualisation）的沉重：一個文明真正的獨特性不如說是和成熟的集體個體化（individuation collective）相符，因為它是其中所有成員反思工作的成果。文明的集體個體化風格在此為每個人和所有人實現個人個體化程度的合成（résultante）。舉例來說，時尚（la mode）早就是一種跨個體化的微觀進程，它只能存在於文明的框架（contexte）之下；但民主政治卻是跨個體化最成功的經驗，而且唯有化做民主的形式，國家（l'État）才能進行此經驗的「轉導」（transduction）[13]。一種文明始終同時是對於特定母國文化知識的批判性重現以及關於一切文明生活之普遍人類原則的經驗脈絡化（contextualisation empirique）。介於這兩種要求之間的調整從來都不明顯，並且依然是特別屬於政治經驗的挑戰，這是社會意識經過反思的標誌。

意見的互為主體性作用（le jeu intersubjectif）是確保在特定背景下，任何文明特有的重要人類前提（grands présupposés humains）能夠進行合理折射的必要條件。在沒有國家但不是沒有政治的社會裡，選擇將外來者視為 *hospes* 而非 *hostis*——優先選擇好客（hospitalité）而非敵

對（hostilité）——就早已表現出這個批判性的思考。在具有國家的社會裡，文明的精神傾向於促進國家間體制方面的關聯，以便從更廣泛的角度來進行此折射的轉導。因為追求差異的權利不能任由個體隨興所至（l'arbitraire des individus），而是需要政治的書面記錄（une transcription politique）。於是，文明進程就在諸文明區域間不可還原的繞射現象（diffraction irréductible）和有關基本而普遍道義要求（exigences déontiques fondamentales et universelles）的折射需要（exigence de réfraction）之間所形成的緊張關係中交織：它在一種文化的代表們（les représentants d'une culture）所發揮的作用中得到體會，當他們觸及自我意識時，他們表現出有能力使社群的命運轉向，並且從視野（horizons）而非邊界（frontières）的角度來進行思考。

註釋

1 參見黑格爾，《精神哲學》(Philosophie de l'esprit)，1805年版，Paris，P.U.F. 出版，1982年。此主題在1807年的《精神現象學》中重新出現，並在1821年的《法哲學原理》佔據根本性的地位。

2 *Gesellschaft*（社會）的觀念是黑格爾思想的核心，而他絕非是一位持續對於整體社會抱有懷舊之情的作者。我們歸因於斐迪南．滕尼斯（Ferdinand Tönnies）在 *Gemeinschaft* 與 *Gesellschaft* 之間所做的區別，也早已由洛倫茲．馮．史坦恩（Lorenz von Stein）提出。

3 關於此主題的討論，參見《關於佛洛伊德「文明及其不滿」的問題》(*Autour du Malaise dans la culture de Freud*)，J. le Rideir、M. Plon、G. Rauler、H. Rey-Flaud 合著，Paris，P.U.F. 出版，1998 年。

4 參見黑格爾，《哲學科學百科全書 II：自然哲學》(*Encyclopédie des sciences philosophiques*)，Paris，Vrin 出版，2004 年，頁 198。

5 正如涂爾苟所相信的：「機械技藝光是隨著時間流逝就能變得完善」，同前註，頁 608。

6 這份渴望的論點尤其是在黑格爾的思想中獲得發展並由阿克塞爾．霍耐特（Axel Honneth）更新：參見《爭取認可》(*La Lutte pour la reconnaissance*)，Paris，Le Cerf 出版，2010 年。

7 參見牟斯，《社會學與人類學》關於誇富宴（potlatch）的段落，第二卷，Paris，P.U.F. 出版，1973 年。

8 參見克拉斯特，《反國家社會》(La Société contre l'État)，Paris，Minuit 出版，1974 年以及馬塞爾．高歇（Marchel Gauchet），《政治條件》(La Condition politique)，Paris，Tel-Gallimard 出版，2005 年。就克拉斯特看來，野蠻社會或許是無國家的社會，但不是非政治的社會。

9 盧梭，《論人類不平等的起源與基礎》，Paris，GF-Flammarion 出版，2008 年，頁 117。

10 參見西蒙東，《精神和集體個體化》(*L'individuation psychique et collective*)，Paris，Aubier 出版，2007 年，頁 186-188。

11 西蒙東，《精神和集體個體化》，同前註，頁 176。

12 西蒙東,《精神和集體個體化》,同前註,頁 183。
13 關於國家和民主政治之間的關係,參見敝人著作《何謂國家?》(Qu'est-ce que l'État ?), Paris, Vrin 出版,第二版, 2012 年。關於轉導的觀念,參見西蒙東,《*形式與資訊概念觀照下的個體化*》(*L'individuation à la lumière des notions de Forme et d'Information*), Paris, Millon 出版, 2005 年,頁 32-33。

結論：文明與野蠻

　　最負盛名的博物館陳列展示著眾多文化珍藏都是最為文明開化的國家炫耀帝國主義的標誌。因此，華特·班雅明（Walter Benjamin）斷言：「沒有任何文明的見證不會同時也是一份野蠻的實錄」[1]。縱然我們將野蠻視為文明的「基礎」（rudiment），視為文明欠缺充分的發展，卻也會存在另一種野蠻，作為腐敗文明的「毀滅」（ruine）、崩潰[2]。乍看之下，野蠻表現在面對文明的絕對外在性關係（rapport d'extériorité）之中：它被理解為缺乏任何文明的結果。不過野蠻也出現在諸文明自身之間的相對外在性關係內，當每個文明都否認其他文明時。最後且尤其重要的是，野蠻可以位於一種文明所特有的內在性關係（rapport d'intériorité）內，因而就像直接產自文明。

　　人的條件意味著人為了讓自己高於自然的一段培育和開化進程，因此建立道義準則，使生活在他人之間得以可能。然而，人類往往也傾向於將那些涉及其他規則，表現出不屬於自身文化的外來舉止認為依舊隸屬自然。排斥不同文化特色並推給自然

的作法總是很誘人,若這些特色像這樣得到承認,可能會讓人對迄今為止被賦予絕對價值的文化秩序提出質疑。因此,對於野蠻的指控也可能是盲從種族中心主義的(ethnocentrique)作用。李維史陀以一句著名的格言總結了這樣的態度:「所謂的野蠻人,首先是相信野蠻之人」[3]。不過在以這種方式將問題簡化成缺乏判斷力、錯誤的信仰時,似乎確實我們還是傾向於把這個問題輕描淡寫。因為野蠻也同樣指的是那些客觀看來可鄙的行為,使我們發現道德之惡(mal moral)的實際現實,不僅僅是動物性(animalité)持續存在於我們之中的問題而已。矛盾之處則是這些行為都是人類能夠同時作為高度發展之文明代表的事實,就像奧斯威辛集中營的例子。

因此,事實證明野蠻可以是文明本身所必然包含的部分:藉由成為道德之惡的載體,於是它見證了人本身可能存在的邪惡行徑。

技術的進步並不保證道德的進步,它甚至會背道而馳。這個對於我們稱之為「物質文明」的不信任很早就表現在盧梭的思想中,他透過全部的著作要讓我們了解科學和藝術的進步並不必然

使人變得更具有德行。盧梭譴責文明人,把他稱作「人為人」(l'homme de l'homme)強調其矯揉造作,受自尊心(amour propre)左右乃至變得對憐憫之心麻木不仁並把他變成無情「人類公敵」(ennemi du genre humain)的程度。康德贊同這樣的分析:「我們因藝術和科學而有著最高程度的*教養(cultivés)*。我們變得*文明開化(civilisés)*,直到因各式各樣社交慣例和儀節而不堪負荷為止。但要認為我們已經變得*具有道德(moralisés)*,尚言之過早。

如果說事實上道德理念的確屬於文化,實踐這個僅僅導致追求名譽和外在合宜舉止方面之道德表象的理念,就只能構成文明」[4]。因此特別需要提出技術進步之表現所引發的倫理問題。人同時既是作為倫理行動之 *praxis* 也是作為技術製造之 *poiésis* 的存在:他應當同時採取不及物的(de manière intransitive)方式影響自己,塑造道德上的自我,也要採取及物的(de manière transitive)方式影響自然,生產人造物能夠來佈置出人類所特有的世界。但若是 praxis 的自我努力(le travail sur soi)似乎總是不足以對抗人所特有的刻意為惡

能力,那麼問題就不僅僅是人類的道德缺陷與其技術能力的偉業之間的落差而已。縱然這些偉業是為了人作為他始終是一個在世存有(un être-au-monde)的福祉,它們卻可以不僅用於人類的邪惡行徑,也已在它們內部構成泯滅人性的根源。雖然道德災難是直接出自人為惡的傾向,文明所自豪且目的在於炫示人類幸福的科技偉業,卻能導致悲劇性的逆轉,以至於今日威脅多半並非來自「反常的人」(pervers)而是來自有能力且相對秉持善意的人[5],他們不斷突破科學、技術或經濟界限⋯⋯。因此,按照技術效率安排,承認 poiésis 力量的優先地位,其本身就會引起奠定人類條件(la condition humaine)之象徵布置(dispositifs symboliques)的毀滅。

人類的人性只能在使自己有別於自然法則的象徵形式所構成的世界中才能實現。如果說動物行為的特徵是生物感官受刺激(stimuli)產生的反應(réactions),那麼人類則是用回應(réponses)來取代這些反應。在自然界中,任何有機體(organisme),即使是構造最簡單的,都精確地與其環境協調一致。相反地,在人類身上,介於任何

動物物種所特有的感覺接受與作用體系（systèmes récepteurs et effecteurs）之間存在第三種環節，我們稱為「象徵體系」（système symbolique）：它賦予現實一個全新的維度並左右著意義的開展（le dépli du sens）。人類於是引發自然秩序的顛覆：他不再生活於純粹物質的世界，而是生活在一個針對困擾他的「意義之債」（dette de sens）予以回應的象徵性世界（univers symbolique）。人在他和自然之間引進各種媒介，因為他只能透過將意義投入他不同的行為而活：「信號（signal）是生物物理世界的構成要素，象徵（symbole）則是意義世界的構成要素」卡西勒寫道[6]。這就是何以後者將人定義為 *animal symbolicum*（製造象徵的動物）而非 *animal rationale*（理性的動物）。因而一種文明可以從根本上定義為諸象徵體系共享的寶庫。受惠於這些象徵性布置，種種精神力量才得以整頓成一個世界並根據它們的客觀性維持原狀。

野蠻之所以扎根於去象徵化過程（désymbolisation），是因為這個過程總是呈現為一種退化。但這個去象徵化過程可以表現出許多原因。它可以說明一種偶然的內耗（involution contingente）在

個人層面上導致虛無主義式的瘋狂。因此，這就是美狄亞（Médée）的暴力或羅密歐與茱麗葉的愛情激情，使他們想要拋棄專名（nom propre），乃至於人世間的地位[7]：此公民權的斷絕（mort civile）已預示了他們的肉體之死（mort physique）。專名的確提供了僵固的稱謂（désignation rigide）[8]並呈現為一種附著於單一對象的飽和表達（expression saturée）：「專名的指涉物（référence）就是我們透過這個名字所指稱的對象本身」[9]。就這方面而言，專名直接明示（dénote）而不隱喻暗指（connote）。即便出自於制度的安排（公民身分），專名還是呈現出本體論上的重要性。從那時起，捨棄專名就導致人喪失現實感（déréalisation de l'homme），*更不用說（a fortiori）*當這個捨棄是源自一種政治制度時。反烏托邦（dystopie）的文學——近似於 *If fiction*[10]（假定虛構）的假設小說類型——就提供了許多例子[11]。失去專名的同時，小說人物們也喪失每一個基本特性：人類於是變成是可以互相替代、可以交換的。他們的新名字不過只是偶然而非僵固的稱謂，用來指地位或種族。我們目睹「沒有個性之人」（l'homme sans qualité）

的勝利。在變成一個數字的同時，名字也因而去僵硬化（dé-rigidifié）。專名就是藉由它僵固稱謂的功能讓個人得以深入語言：所以正是透過削弱此僵固性，極權國家才能夠深入觸及它所要支配，甚至消滅之人們的現實本身。隨著變更專名，其功能為使我們與他人區別開來，重要的始終是在於「將我（je）消融在群體之中」[12]。

因此人類悲慘的歷史證實了反烏托邦小說想要點出的部分：漢娜・鄂蘭指出，極權政體的特徵是去除當局判為不受歡迎之人的國籍：「去國族化（dénationalisation）成為極權政治手中掌握的強大武器」[13]。去國族化導致一種個人身份的變更，因為當他們的公民身分遭到剝奪，他們所呈現的差異也不再被視為合法的。褫奪公權（proscription）、斷絕公民權是文明內部本身製造野蠻的機器：「對於文明足以致命的危險從此不再來自外部〔…〕甚至極權政府的出現都是位於我們文明內部而非外部的現象。危險就是，一個全球性、在普世規模下協調一致的文明，有一天會由於強迫數百萬人接受無論表面如何呈現，實則屬於野人條件的生活條件，而開始產生源自其內部的野蠻人」[14]。

去象徵化不僅源自政治上的倒退也可能會由一種高度講究的文明所釀成，這類文明依賴技術合理性而損害一切其他考量。馬克斯・韋伯（Max Weber）已經區分出價值合理性的活動（l'activité rationnelle par valeurs）（*Wertrationalität*）和目的（par finalité）合理性的活動（*Zweckrationalität*）[15]。前者隸屬於象徵性的邏輯，使我們以需求所呈現的表徵、對某些義務（道德、政治、宗教、等等）所抱持之信念的名義而行動。相反地，目的合理性則被認為只根據利益算計而行動：它所涉及的是為達到某個目的而去安排最有效率的手段。就齊美爾的立場來看，他把這類目的導向的活動稱之為「目的系列」（les séries téléologiques）（*Zweckreihen*）。

為了達成目的，人尤其會花費心思在手段、工具的制定[16]。因此人不像動物一樣受其本能所驅使，而是由包含掌握技術手段的計畫所驅動。同樣地，人跟不需要依賴技術手段的上帝相反，是一種「間接的存在」（être indirect）：「人是『製造工具的』動物，這點很顯然地跟人也是『賦予自己目的的動物』的事實相連。關於手段的思想一般來

說構成人在世上的地位特徵」[17]。於是文明就透過這個技術發展的複雜程度來加以衡量。但是，目的取向合理性卻傾向於使價值取向合理性消失。技術手段發展的過度膨脹促進行為的去象徵化。從那時起，技術合理性獲得輝煌成就之處，人只剩下功能而無地位。

對效率的追求導致了手段的擴張和目的的模糊。目的本身反過來又成為實現其他目的的手段，而這些其他目的也將會成為新的手段……。於是，人本身只剩下代價而無尊嚴。因此從技術角度來看，一個文明能夠讓自身變得極度理性，卻導致諸多價值的衰落，並透過使人類獲取的成就變得可互相替代而導致不僅是人也是世界本身的現實感喪失。更有甚者，後現代的文明混淆了目的（fin）和目標（cible）或宗旨（objectif）的觀念。當然，技術的純熟就本身來說並沒有爭議，只要人是在世的存有，而它甚至能繼續如同旨在實現其自身的行動來為 praxis 服務。所以，為了射中目標而鍛鍊自己的弓箭手仍只是為了實現自我成為弓箭好手而追求技術的純熟，他真正的目的其實是要獲取界定其個性的一種優良稟性（disposition）。

但是，在後現代文明中，*Zweckrationalität*（目的合理性）卻自己讓位給一種 *Zielrationalität*（目標合理性），一種徹底縮減並具有侵略性的目標合理性，無視價值的任何自主權和它們的多元性（pluralité）。有明確目標的績效（la performance ciblée）變成活動的唯一標準。*Homo economicus utilis*（實用經濟人）就呈現為一種所謂「可供有效利用」（opérationnelle）之人類的完美典範。巧詐之處在於，這裡的關鍵不再是以粗暴的方式來發展極權意識形態，而是藉由在分散個體的意識中灌輸適當的行為，讓他們自行根據這個去社會化的邏輯建構自身[18]。從這個觀點來看，問題不再是制定準則，而是「引導行為」，落實程序、規定、紀律，其標準不再是一個有待實現的理想，而是效率。就像傅柯所強調指出的，「反倒必須從這些紀律中看出一種反權利（contre-droit）」[19]。自我管控（la maîtrise de soi）的道德理想（idéal éthique）於是就在這點上受到濫用，以至於被嚴格地簡化成為一種只屬於完全去脈絡化之抽象知性（l'entendement abstrait）的成本計算。

因此，文明能夠發展出一種內生的野蠻，

企圖透過根除文化本身和藐視創立文化的合理性來建構自身。詹巴蒂斯塔・維柯（Giambattista Vico）曾指出這個危險，藉由譴責「狡獪智慧的古老巧詐，把它們自己變成經由思考的野蠻（la barbarie de la réflexion）而比感官的原始野蠻還更為殘忍的野獸」[20]。「思考的野蠻」在此產生的問題不過就是「未經深思熟慮之思考」（réflexion irréfléchie）的事實，即按照「決策──操作」（décisionnel-opérationnel）模式運作並同時喪失任何常識與批判意識的抽象知性。

註釋

1 班雅明，《論歷史概念》(Sur le concept d'histoire)，第七章，收錄於《著作集》(Œuvres)，第三冊，Paris，Folio-Gallimard 出版，2000 年，頁 433。

2 要精確地分析野蠻觀念，參見萊因哈特·科塞萊克（Reinhart Koselleck），《過去的未來》(Le Futur passé)，Paris，EHESS 出版，1990 年，頁 191-232。

3 李維史陀，《結構人類學第二冊》，同前註，頁 384。

4 康德，〈在世界公民底觀點下的普遍歷史之理念〉，頁 21。

5 「怪物是存在的，但因他們為數甚少而無法構成真正的危險。最危險的事物，是準備相信和服從而不加以討論的一般人、官員」，普里莫・李維（Primo Lévi），《如果這是一個人》(Si c'est un homme)，Paris，Presse-Pocket 出版，頁 212。

Qu'est-ce qu'une civilisation?

6. 參見卡西勒,《論人》(Essai sur l'homme),第二章,Paris,Minuit 出版,1975 年,頁 41-45。

7. 參見莎士比亞,《羅密歐與茱麗葉》,第二幕,第二場。

8. 克里普克(Saul Aaron Kripke)認為專名就是「僵固的稱謂」:參見《專名的邏輯》(La Logique des noms propres),Paris,Minuit 出版,1982 年,頁 166。

9. 弗列格,〈意涵與指稱〉,同前註,頁 106。

10. 參見菲利普・迪克(Philip K. Dick)的《高堡奇人》(The Man in the High Castle),Vintage Books 出版,1992 年。

11. 參見葉夫根尼・薩米爾欽(Evgueni Ivanovitch Zamiatine),《我們其他人》(Nous Autres),Paris,Gallimard 出版,1971 年。同樣還有喬治・佩雷克(Georges Perec)的作品,《W 或童年回憶》(W ou le Souvenir d'enfance),Paris,José Corti 出版,1993 年,頁 134。

12. 埃里克・費伊(Éric Faye),《在最惡劣的實驗室中》(Dans les laboratoires du pire),Paris,José Corti 出版,1993 年,頁 85。

13. 鄂蘭,〈帝國主義〉,收錄於《極權主義的起源》(Les origines du totalitarisme),第二冊,Paris,Le Seuil,1984 年,頁 242。

14. 鄂蘭,〈帝國主義〉,同前註,頁 292。

15. 韋伯,《經濟與社會》(Economie et société),Paris,Pocket,第一冊,頁 55-57。

16. 齊美爾,《貨幣哲學》(Philosophie de l'argent),Paris,P.U.F. 出版,1999 年,頁 242。

17. 同上,頁 244-245。

18 傅柯已經預料到這個偏差,藉由強調新自由主義的目的就是「無時無刻將交換合作者 (partenaire de l'échange) 的*經濟人 (homo oeconomicus)* 代換成其自身的企業主,成為他自己的資本、自己的生產者、自己的收入來源」*《生命政治的誕生》(Naissance de la Biopolitique)*,Paris,Gallimard-Seuil 出版,2004 年,頁 232。

19 傅柯,*《規訓與懲罰》(Surveiller et punir)*,Paris,Gallimard,1975 年,頁 224。

20 維科(Giambattista Vico),*《與國家共同性質相關的新科學原理》(Principes d'une science nouvelle relative à la nature commune des nations)*,Paris,Fayard 出版,2001 年,頁 537。

文章與評論

TEXTES ET COMMENTAIRES

文章節選一

喬治・齊美爾

〈文化的概念與悲劇〉*

「馬克思賦予經濟客體在商品生產時代下的拜物教價值,僅僅是我們文化內容此一普遍命運中的一個特殊情況,略有不同而已。這些內容都陷入以下的矛盾——隨著「文化」的增長而陷得更深——:它們的確都是由主體所創造並專供主體所用,但在它們超出這些要求以外所採取之客體形式(forme objective)的中間階段,它們卻根據一種內在邏輯發展,甚至因而變得與其起源以及目的都互不相干。事實上,在此被納入考量的並非有形物質的必需條件,真正有關的反而是那些純粹文化的,即那些肯定無法跳脫有形物質約束的必需條件。不過,使得製造品在表面上看起來相互生成,作為思想之產物的,是客體的文化邏輯,而非自然科學邏輯。

我們在這裡得到任何「技術」一旦其精進改良導致它超出直接利用(usage immédiat)的範圍便具有的強迫動能(le dynamisme contraignant)。因此,舉例來

說，許多製造品的工業生產方式（fabrication industrielle）會暗中促成那些不存在真正需求之副產物的產出；技術系列（la série technique）要求在本身內部由心理系列（la série psychique）——確切而言是最終決定性的（définitive）系列——所不需要的部分來補完；於是產生了商品供給反過來引起非自然的，且從主體文化的觀點而言，失去理智的需求〔…〕從文明史的角度來看，這只僅僅是文化內容增長的特定展現，經由它們被文化上有意義之外的力量與目的所刺激和接納的土壤，且在那裡它們往往不可避免地生出不孕之花。這是在藝術發展過程中，當技術知識成長到足以不願再繼續為了藝術的整體文化目的服務而進行的同一種形式動機（le motif formel）。

不再只遵從它本身的客體邏輯，技術不斷精益求精地開展，但這只是它對自己的改良完善，不再屬於藝術的文化意義。這個我們在今天擴展到所有的工作領域，然而

無情且走火入魔的它，強制將自己的法則加諸於其發展的過度專業化（spécialisation abusive），僅僅是此影響文化元素之普遍必然性（la fatalité universelle）的一種特定形式：客體的發展服從它本身的邏輯——既不存在於概念也不是存在於自然之中，而只是存在於它們作為人類文化產物的演進發展之中——且由於此邏輯，它們偏離了自身原本可融入人類個體精神演進過程（l'évolution psychique individuelle des êtres humains）的方向。這就是何以此差距出入絲毫不同於強調突顯的差異，即：手段佔有了最終目標的價值，正如同先進文化不斷向我們證明的那樣。事實上，這純屬心理層面的問題，肇因於對心理偶然性或必要性的強調，而與事物的客觀凝聚力沒有任何堅固的關係。

但問題在此處所涉及的正好是後者，關於客體採取文化形式過程中的內在邏輯；人類如今變成僅僅是強制力載體，藉由此強制力，這個邏輯支配一系列演變並將它們

推得更遠，也就是說推往它們能夠重新進入生命體文化演進過程的軌道切線上（*sur la tangente*）。這就是文化本身的悲劇。因為，不同於從外部所帶來充滿悲傷與毀滅的宿命，我們將其看作是悲劇的宿命，也就是說：針對一個本質的諸多毀滅力量正是湧現自此本質內部的最深層；隨著其毀滅，一種源自其本身之內的命運得以實現，在某種程度上代表了結構的邏輯發展，而正是這個結構使這一本質能夠建立自身的積極性。這就是每個文化的概念，即精神創造出一種自主的客觀實體（une entité objective autonome），主體經由它演變，從自我到自我。但同樣經由此實體，這個整合要素，作為文化的標記，預先決定成具有針對性的發展，它確實不斷消耗主體的能量，並總是緊緊地將主體拉入自己的軌道，但無法將它們帶往自我實現的頂點：主體的發展現在無法再遵循客體發展所採取的途徑；然而，假如它仍然走上這條途徑，它就會在僵局之中或在一個沒有最為

私密且最為具體之生活的地方迷失方向。

不過，文化的演變卻把主體置於自身之外，甚至更確實地藉由前面已經提到的非定形（l'informel）和無限性（l'illimité），由於客觀精神的生產者數量無限而成為其特徵。人人都能為客體化文化內容的庫存（la réserve des contenus culturels objectivés）作出貢獻，完全不用在意其他的貢獻者；此庫存在每個文化時代都會呈現出明確的特色，因而內部具有性質上的限制（limite qualitative），但從未同時也具有數量上的限制（limite quantitative）：庫存沒有理由不無限增長，沒有理由不將書一本又一本、傑作一件又一件、發明一個又一個地整齊排列；像這樣的客觀性形式就具有無窮的實現能力（la capacité illimitée de réalisation）。但是，由於這個可以說是無機體的堆積能力，它在最深層次上變得和個體生命形式不可通約（incommensurable）。因為後者的接受能力不僅受其力量和壽命的限制，也囿於其形體

所呈現相對封閉的某種統一性；這就是為什麼它在限定的空間內，從提供給它作為個人演變發展之手段的內容裡做出選擇。然而，這個不可通約性對於個體而言似乎並不需要付諸實踐，畢竟個體會將其具體演變所無法吸收的部分擱置一旁。但是，這並非如此簡單。此客觀精神的庫存，無限地成長，向主體提出要求，在他內心引起無法實現的願望，使他疲於感受自身的不足和無能為力，讓他陷入整體的諸多關係之中，無法擺脫這些關係的整體性（totalité），即便他無法掌握其中的具體內容。

因此就產生充滿問題的處境，如此地呈現出現代人的特徵：即這種身邊圍繞著大量文化要素的感受，這些要素對於他並非毫無意義，但從根本上來說也沒有任何含意；大量的要素具有某種令人難以承受的特性，因為他無法逐一內化所有這些要素，也無法純粹而簡單地拒絕它們，因為可以說它們很可能屬於其文化演變的領域。為了描述這部

分的特徵，我們或許可以逐字反轉意指古代方濟會修士處於他們的真福貧窮之中，對於一切事物還想吸引靈魂進入通過它們自身的道路來使其偏離正軌的絕對漠然：nihil habentes, omnia possidentes（一無所有卻擁有一切）——取而代之的，具有豐富且過量文化的人類則是：*omnia habentes, nihil possidentes*（擁有一切卻一無所有）。」

註釋

* 齊美爾，〈文化的概念與悲劇〉，收錄於《文化的悲劇》(*La Tragédie de la culture*)，Paris，Payot & Rivages 出版，1988 年，頁 207-214。

評論

文明如同文化的悲劇?

在〈*文化的概念與悲劇*〉裡,齊美爾點出了觀察任何文化的「分歧」(discrépance)——差距(décalage)和失調(distorsion)——風險:藉著重新採用受黑格爾強烈啟發的分析,他強調自我客體化的危險特徵存在於一切文化生活的基礎。但是他也揭示了後現代文明所特有的「分歧」的第二個風險,增強第一個風險的同時徹底濫用它,使人屈服於大量「實用的」(fonctionnels)物件,一面顯示出精巧的技術發明,一面標誌著我們受新奇小玩意的無聊支配所奴役。

人唯有藉自我客體化([德語]Entfremdung,異化)的作用才能實現文化意義面的自己,而此活動的結果就是作品。個人用一種既作為自我的文化客體化成果亦可展現其個性的現實來取代直接感知(donné immédiat):「個人在經由〔自我

客體化的〕活動將自己投向實際現實之前並無法知道他是什麼」黑格爾如此寫道[1]。文化作品是真實個體性（individualité réelle）本身且為己的真正表達（l'expression authentique）：「事物本身」（〔德語〕die Sache selbst，實事本身）對於黑格爾而言，是個體性與客體性本身成為客觀的相互滲透（la compénétration devenue objective）。客體變得越是具有精神性，它就越能為了重新在它身上發現自己的自我意識而照亮。在文化的運作過程中，自我意識賦予物質形式並重新據為己有。一種文明所特有的人類在物質上和制度上的一切創造都是這樣產生的。這些文化成果正是人類世界中自我客體化的條件。

　　最初的野蠻行徑正好就在於摧毀人類的成果，以便摧毀他們的文明。但是任何文化成果都能在其內部藏有一部份的不透光昏暗，對於作為它們作者的人類卻顯得陌生。正是在此，齊美爾點出了這個始終可能出現的異化根源：「精神孕育無數的產物，持續以其特定的自主性而存在，獨立於創造它們的靈魂，一如獨立於所有其他接納或拒絕它們的靈魂」[2]。文化在此被定義為「走向自我之路的靈

魂」,但作品則都是中介、「驛站」(stations),也會形成阻礙。那正是在凝結過程(cristallisation)的形式本身中,精神——因而成為客體——對立於流逝的生命起落(flux de la vie qui s'écoule)、對立於如同自我鍛鍊的 *praxis*(實踐)作用本身。齊美爾想為了一種文化悲劇的假定辯護。齊美爾於是談「分歧」:「在這個文化結構的內部本身出現了一個漏洞,或許早已存在於其基礎中,這個漏洞使得主/客體綜合(la synthèse sujet/objet)——此文化概念的形上學意涵——演變為悖論,甚至是悲劇」[3]。人類 poiésis(創造)的戲劇性面向變成了悲劇。然而,文明是以人類生產的持續快速成長為特徵。的確,任何人類都必然會將其存在內切於一「目的論的曲線」(courbe téléologique),只要他是受眾多計畫所推動的:「我們與世界建立的關係因而可以說呈現為一條曲線,從主體到客體,包含了後者而重新返回主體」[4]。不過,當人不再能夠從實現的文化成果中認出自己——好比這個情況,一棟蓋好的建築物最終證明為不適合人類居住[5]——,且大量增長的生產過剩對一切可能的自我實現造成阻礙的同時,目的論的曲線就會偏離原本

的軌道。

如今屢見不鮮的是,從主體到主體經由客體的流通變化,在其中主體和客體之間的一種形上學關係才成為歷史現實,就因而中斷了:客體會捨棄它的媒介意涵,因此切斷通往文化之道所途經的橋樑。所以齊美爾揭發文明中令人窒息的創新氾濫,使人註定要在新奇小玩意的功能性面前感到驚訝:如齊美爾所言,非但無助於目的論曲線的實現,這個日益複雜的產物過量只能劃出「一條讓這些產物有可能重返生物文化演進的軌道*切線而已*」。當這個過量脫離原本軌道而無視於完成目的論曲線的時候,文化就會演變成消遣。此外齊美爾還注意到「文化演進將為客觀上接近的事物帶來目的論序列的延長,而對於客觀上遙遠的事物則是縮短」[6]。

我們變得有能力縮短看起來無法跨越的距離;相反地,我們之間最為單純的交流卻變成得依靠「機器」(machines),它們在技術上益發精密的同時,也使得人類溝通更加地複雜。我們的日常生活本身變成要依賴技術物件,它們去除任何親密感並阻礙真誠的對話。精細程度不等的創新維持著一種失落感,彷彿後現代文明盲目地努力要背棄人

類的一切文化成就。齊美爾總結其分析，在有關於「精神的偉大事業」這點：「它必須為自我的實現付出代價，冒著嚴重風險看見在他所創造的世界且這個世界又是其條件的自主性之中，自行孕育出一種邏輯和動能，以始終更快的速度和始終更遠的距離，使文化的內容偏離文化的目的本身」[7]。更確切而言，在齊美爾看來，文明恐怕會淪為失去其目的，也就是其靈魂的文化。

毫無疑問，卡西勒反對這種關於文明的影響充滿悲觀色彩的概念[8]，並透過點出第一種類型的分歧來進一步說明：「生活在文化的各種不同形式中──語言、宗教、藝術──體會的這種凝固過程，不只是構成「我」（je）由於其本身的天性而有權要求的對立面，更是形成「我」發現並理解其本質狀態（essentialité）的必要*前提*（*présupposé*）」。真正的文化傑作對於我們而言從來都並非某些只是固定、一成不變、註定以這樣的僵化來限制精神自由運動的事物。它們之所以對我們有意義，只因不斷被重新吸收，並持續被重新創造。因此，從來就不存在純粹的被動接受：「接受者並不會像接受硬幣（monnaie frappée）一樣

接受禮物（don）。他只能透過將之利用來接受這份禮物，而在這麼做的同時，他賦予它全新的印記。因此，教導者和受教者、父母和子女，從來都不完全說『同一種』語言」。對於卡西勒而言，談論文明的悲劇是一種詐欺：「精神的創造運動似乎是從其自身得出的作品中鍛造自己。因為一切被創造的事物，出於其本質，都被導向拒絕為任何想要萌芽與茁壯的創新讓出空間。但是，當這個運動與其本身的作品有所衝突時，它卻並未因此而粉碎。它只是受到限制，由一種新的努力所推動，引領它去發現嶄新且未知的力量」[9]。

然而，正如齊美爾所注意到的，文化作品在今日有淪落為單純消費產品的趨向。在與《文化的危機》（La crise de la culture）一書同名的演說中，鄂蘭也批判文化和屬於生命偉大循環的休閒之間形成的混淆：「文化關乎客體且為一種世界的現象；休閒關乎人群且為一種生命的現象。一個客體是否有文化價值取決於其持久的時間〔…〕生命並不在乎客體的事物性（choséité）」[10]。在大眾社會（la société de masse）中，「一切的發生就如同生命本身超出其界限，去利用從未為此而造的事物。得

到的結果當然不是一種確切而言並不存在的大眾文化，而是一種由世上諸文化客體所滋養的大眾休閒（loisir de masse）」。*先驗地*（a priori）為了打造世界而構想出來的文化作品從此受制於生產──消費（production-consommation）的貪婪循環。齊美爾自己就重新探討金錢功能的偏離現象：「變成自為目的（fin en soi）的金錢甚至不允許在本質上與經濟無關的資產（les biens），作為最終的協調價值（valeurs coordonnées）而存在；它不僅是作為另一種存在目的使自己具有智慧與藝術、個人的重要性與力量甚至美與愛的同等地位，更在藉由這麼做的過程，獲得將這些後者貶低為手段加以吞食的力量」[11]。這就是為什麼我們可以用它來擁有一切卻失去我們自己。

因此，文明的反思性演進（le devenir reflexif）只能從根本上反對單純的經濟邏輯：此一邏輯濫用，甚至破壞象徵性功能。意義的開展絕非無可置疑的確定性：相反地，它是真正文明本身的任務。它不具備有機生命的純真，而是屬於，對人類來說，意識透過其可利用的象徵形式所獲得的不可轉移體驗。

註釋

1. 在《精神現象學》中,黑格爾將人類定義為「精神動物」(animaux intellectuels):「*Das geistige Tierreich*」(*精神動物王國*),J. Hyppolite 譯本,Paris,Aubier Montaigne 出版,第一卷,頁 324。

2. 齊美爾,《文化的悲劇》,Paris,Rivages poche 出版,1988 年,頁 179。

3. 齊美爾,《文化的悲劇》,同前註,頁 200。

4. 齊美爾,《貨幣哲學》(*Philosophie de l'argent*),Paris,P.U.F. 出版,1999 年,頁 237。

5. 關於「改善」和「居住」之間的緊張關係,參見卡爾·波蘭尼 (Karl Polanyi),《鉅變》(*La Grande transformation*),第三章,Paris,Gallimard 出版,1983 年。

6. 齊美爾,《貨幣哲學》,同前註,頁 241。

7. 同上,頁 216–217。

8. 卡西勒,《文化科學的邏輯》(*Logique des sciences de la culture*),第五研究,Paris,Le Cerf 出版,1991 年,頁 195–223。

9. 卡西勒,《文化科學的邏輯》,同前註,頁 219。

10. 鄂蘭,《文化的危機》(*La Crise de la culture*),Paris,Idées-Gallimard 出版,1972 年,頁 266。

11. 齊美爾,《貨幣哲學》,同前註,頁 287–288。

文章節選二

米歇爾・弗黑塔格

《全球化的僵局》*

儘管犬儒姿態宣稱價值觀過時、表徵（représentation）無用和形上學終結的理由只因為它們在現代性當前的危機之中岌岌可危[1]，我們仍可以在這場危機之外認識到西方所特有的「形上學」貢獻。但這也意味著現在我們認識到，作為「拯救」這些西方價值觀的條件，過去和現在依然存在著理解和建構人類經驗的其他形式，並未因這場屬於我們且我們隨著某種自滿（amor fati，「命運之愛」）以及在生活裡確實欠缺足夠的勇氣和信心因此身陷其中的現代性危機，而遭到取消和廢除。這些價值觀從同樣獨特的表達方式中所承載的「持久」真理，會在西方發現有那些其他的世界觀和社會觀續存的歷史性時刻，重新來到我們面前，不只是在它所開創的文明研究領域內（而一切都歸功於它），也不再只是以它用來反對自身擴張的抵抗形式，而是透過它本身所經歷的困局（aporie），包含在它對於進步的無限信念，如今被理解為人類有能力隨心所欲掌控一切

因而可以無止境地改變世界且毫無節制地追求我們自身的滿足：於是，西方如今體會到了它本身的 hybris（傲慢）！這點導致西方去重新發掘一種從未真正離開它的智慧，即便此智慧早已脫離其哲學和科學（更不用說其經濟和技術）而躲在其民間諺語或神秘主義信徒的思想裡，有時候則躲進其藝術中。確保掌握和支配世界的同時，西方也因而迷失了自己。

因此，關於世界他異性的形上學意識最終發現承認文明形式多樣性的必要，而透過這些形式，構想、塑造並發展出迄今與此他異性的普遍關係，每一次的方式都是偶然的，因為所有這些形式本身都是在歷史的偶然性中產生、發展、成熟並深化。然而，這些意義的「不同」形式（formes autres）、這些確立超驗價值秩序（或刻下「十誡」〔tables de la Loi〕）的其他記載，並未在西方想要實現其自身（而從未徹底決心要實現）的抽象普遍個人主義中，從整個地球上消解：它們

沒有被投機資本主義（capitalisme spéculatif）運作邏輯的直接效果以及符合它的技術部署所淹沒。譬如依然存在的印度文明，本身內部極度多樣化且通過三、四千年來堅持不懈地發展而大致上（grosso modo）具備已在哲學和社會學領域贏得信譽的某種形上學精神，經歷所有在歷史上受其所啟發或那些在征服印度之後最終融入其中的社會變遷。中國和日本文明有同樣深厚的歷史，與西方接觸時重新激起活力，透過前者所著重並強制在它們之中推行的各個面向而重新發揚：即便，從這方面來看，它們如今具有這個體系的全球性危機，它們很有可能以它們自己特定的方式來回應這場危機，並在這些面向中重現它們自己的過去、自己的感性、自己的價值觀、自己關於世界和社會的知識、自己連結理論和實踐的方式。存在著彼此之間有非常密切相近的關係的黑非洲（Afrique noire）諸文明，儘管這片大陸上盛行任何社會和政治的離散現象。

也有一種伊斯蘭文明，透過阿拉伯人（但它並不只是阿拉伯的伊斯蘭文明！）長久以來作為西方文明最接近且最直接的競爭對手，而其當前的現代化過程（aggiornamento）格外地悲痛且令人心碎。我們還可以參考拉丁美洲的文明態勢，具有深刻的前哥倫布時期中美洲諸帝國的印地安文化特性，但這些帝國已被消滅且人民幾乎遭屠殺殆盡。最後，得益於人類學家的研究工作，但也多虧有他們在「我們」之中脆弱的倖存，我們對於所謂「原始」或無政權建制的社會其內部所承載種種一致或整體的人類經驗形式才有相當清楚的認識，正如北美洲原住民族的持續存在所證明的那樣，互相之間並非總是有密切的聯繫，但卻如此深刻地展現出一種看待和理解人類、生命、世界及其關係的共同方式。

這一切都尚未消失並始終以一種廣大的多樣性將當代人的靈魂和身體浸透於共同世界經驗的深層形式中，而此多樣性並非一

種任意的集合或散布，因為人類的每個參與部分都根植於自己的歷史。通過此歷史，隨著數世紀和數千年的流逝，建立並傳遞一種同時具物質性（或實用性）又具象徵性、納入社會生活所有面向的集體凝聚力的特定綜合形式。這一切始終存在，這一切應當在建立政治形態的過程中重現，這些形式負有責任去組織成為世界性的共同生活，更重要的是，它們應當能夠合理地引導在我們行星居住地日益狹窄和脆弱的條件下尋求共榮。*oikos*（家戶）變成了 *oikouméne*（世界），而有一整套具體的「oikonomie」（經濟管理）需要重新創造並使之優先推行至全球層面。

然而，屬於西方發明的「民族」國家政治形態，難以符合這種多元文明現實的呈現。此現實的根源遠比所有當代國家，或許除了中國，還有比較相對而言的印度，要來得更為深厚廣博，因為其他那些起源同樣古老的「偉大文明」已經消失，或因其所遭遇的轉變而面目全非，不再直接塑造那些可能

仍然受其遺產所影響之人民的身份。

　　個人在國家政治和立法機構中並通過這些機構的代理之外，今日重要的是去想像其他能夠被承認為合法的代議政治的參與形式，而毋須追求一種有效性或者一種既非存在於其形式也不在其範圍之中的普遍主權。因此，需要發明新的政治制度，能夠在其中表現出其他實現象徵性銘刻與社會參與的方式、其他權利擁有與義務分配的模式、其他承擔集體責任的方式，最後是其他發展道德與美學生活理想的方法，這些制度不應完全以個人為中心，也不應全都自以為具有普世性！我想再補充一點：問題在於要去承認的，並非是這些依然影響著我們星球上的居民，或許影響還會持續很久的各式各樣文明色調（teintes），這些被歸結為純粹經驗性文化痕跡的色調，就如同過去始終存在、未來也將如此，而且還將不斷形成新的、或許比起以往更多、更具細緻的差異。問題所關乎的是，承認各種文明的綜合與包容特性，以

及推動它們的自主性活力,而正是對於這樣的承認,應當賦予一種政治形式。

註釋

* 弗黑塔格,《*全球化的僵局:資本主義的社會學及哲學史*》 (*L'impasse de la globalisation. Une histoire sociologique et philosophique du capitalisme*),訪談由 Patrick Ernst 彙整,Montréal,Écosociété 出版,2008 年,頁 332–338。

1. 弗黑塔格的註解:「在《*人的過時:論第二次工業革命時代裡的靈魂*》(*L'obsolescence de l'homme : sur l'âme à l'époque de la deuxième révolution industrielle*),法譯本,Paris, Ivréa et l'Encyclopédie des Nuisances 出版,2002 年,君特·安德斯強而有力地闡述此危險的『存有學』本質」。

評論

論文明政治

「文明政治」的概念自一九九七年起由埃德加‧莫罕（Edgar Morin）提出[1]並引發許多爭論，因為這個詞被政治化的利用。不過，早在八〇年代末到九〇年代初起，在蒙特婁的弗黑塔格就已經採用了「文明性政治」（politique civilisationnelle）的觀念[2]。面對全球化及其帶來的負面影響，弗黑塔格思考著要如何扭轉落在我們身上看似不可避免的悲慘命運，根據這回由君特‧安德斯（Günther Anders）所分析的這另一種 Diskrepanz（分歧）[3]，在我們有能力製造的（erstellen，〔德〕意為『創造』、『製造』）和我們有能力想像的（vorstellen，〔德〕意為『想像』、『設想』）事物之間，關於此作用形式所帶來的後果。

在《辯證法與社會》（Dialectique et société）一書中，弗黑塔格區分出三種社會關係的再生產模

式:「文化 —— 象徵」(culturel-symbolique)模式,主要構成傳統社會的特徵;「政治——制度」(politico-institutionnel)模式,特別對應於現代社會;「營運——決策」(opérationnel-décisionnel)模式,則獨佔後現代社會。在第一種情況中,社會關係首先並不來自於約束,而是來自於人們在他們的行為中所賦予的象徵意義。此處關乎的是一切人類社會性所需的基本本體論基石。文化正好呈現為始終背負「意義債務」(dette de sens)之人類的社會黏著劑。

它在社會關係上投射出一系列共享意義,而這些意義既促進了深層的共識卻也抑制任何批判性的間距。相反地,「政治——制度」模式則在人類社會的結構性衝突無法再被遏止,且人的「非社會的社會性」必須作為社會原動力的原則時確立。自此,社會關係的調整不再能夠只靠內化的文化規範的調解來實現,而是要透過從外部由國家力量所規定和批准的法律。在這裡,個人同時被認為有更多自由但也服從外部的約束,基於國家力量的邏輯以及由實證法所規定之行為的合理化。至於「營運——決策」類型的第三種調節模式,它與功能性

功利主義（l'utilitarisme fonctionnel）的勝利相符，此功能性功利主義將社會關係簡化為對於效率標準的屈服，透過訴諸程序以及行為導向和標準化的佈署、透過優先重視寄望於觸發可預測且功能性反應的營運管理方式。於是，所有實行做法都服從這種控制和最佳化的操作，以犧牲象徵價值和法令規章為代價。於是，全面推行經濟主義（économisme généralisé）和技術官僚主義（technocratisme）就呈現為此去象徵化操作的驅動力。

為了抵制我們當代歷史的這個沉重傾向，弗黑塔格明確提出文明政策的三大軸心[4]：「責任倫理」（éthique de la responsabilité）、「規範性存有學」（ontologie de la normativité）以及「身分美學」（esthétique de l'identité）。對一切規範性框架的壓抑，無論其本質是文化性或司法政治性的，都會加強後現代人類釋出之力量向我們提出的挑戰，這些力量可能是經濟性的、技術性的或是每個人自戀慾的惡化表現。不過，弗黑塔格所提出的責任要求比較接近韋伯所提出的責任倫理[5]而非漢斯・約納斯（Hans Jonas）所堅持的責任原理（le principe responsabilité）[6]。因為後者將其規範性計畫懸

掛在關於恐懼的捷思法（heuristique de la peur）上，這種方式只能負面地建立人類對未來世代承擔責任的憂慮。恐懼無法形成足以動員的來源，而卓越的政治美德更確切地說就是勇氣。此外，問題也在於超越抽象的規範主義（normativisme）。因為現代性始終抱持著充滿爭議的看法，即事實和價值、實然和應然（l'être et le devoir-être）之間存在著一道鴻溝。對規範性的關注並非一種超世俗主體性（subjectivité supra-mondaine）所專屬的特權：它本身就棲居於世間，糾纏著一切生物。

弗黑塔格重新回到喬治·康吉萊姆（Georges Canguilhem）的分析，後者斷言：「生命展現為極性，並由此產生價值的潛意識定位」[7]。生命本身在常態（normal）和病態（pathologique）之間做出區分：是生命，而非醫療判斷，使生物學上的正常成為一個價值概念，而不是一個僅僅指涉統計現實的理性存在。不過，正是實證主義過度地利用了所謂事實和價值的對立，藉此證明對我們周圍世界進行純粹功利性操控的可能性是合理的，並承認技術官僚主義的正當性。相反地，承認規範和價值的存有學因而導向一種美學的重建：「每一個生物

的特殊形式（la forme particulière）裡，實現了一種團結並相互依賴的特定表現，將所有生物在『生物圈』中聯繫起來，也就是根據存在主義的觀點，在我稱之為『世間』的此處。因此，『形式世界』（le monde des formes）的存在本身由一種『和諧』原理所主導，這個原理自身透過諸形式及其相互對應關係而體現」[8]。此種先驗美學（esthétique transcendantale）首先需要抽象理解力與感性之間的調和。

倘若此具體普遍性（l'universel concret，出自黑格爾）的共同感受根植於對多種生命形式的關注，那麼它就應當提升到對諸文明的尊重，這些文明呈現偉大的綜合象徵形式，同時體現了人類的同一性和多樣性。因此，諸文明看來就像是能夠阻止全球化的集體抵抗據點，特別是當全球化等同於人類喪失世界性（démondéisation）時。因為企圖使人類變得一致的全球化，傾向於瓦解人類作為各種社會、文化和文明的集體組成部分，只留下縮限於喪失社會性之自我中心內的個體存在。因此，一項與此利害關係相稱的文明政策就顯得其必要，且呼應一種比起單純要求文化歸屬感更為深思熟慮

而廣泛的意識:「政治所固有的反思性,在其同時具備濃縮、統一和層級特徵中,本質上是比較經過深思熟慮的,而貫穿或滲透文化的反思性則是更為擴散或分散的(diffuse ou dispersée)」[9]。不過,這項政策對於民族國家的界限而言也產生了影響範圍的轉變。其根本關注在於確保人類的「人類學本質」得到維護,確保這個他們作為人類而蓬勃發展的世界得以長存,以及確保他們發揮並分享其給予自身存在不同意義的能力獲得提升。所有文明都展現出一種象徵性的廣度,超越了決策——營運模式,重新投入共同、共享、相互依賴和相互理解的意義。因此,關鍵在於協助擬定能夠回應意義訴求,同時展現諸文明風格的全新世界建制。

文明的現實(réalités)誠然比國家要來得擴散,但在塑造和傳承構成人類特點的社會象徵生活(la vie sociosymbolique)方面,卻比國家更為深刻且實際:因此它們應該要在不同的國際機構中表現出來,並得以作為完整獨立的權威受到承認。因為這些文明現實已經持續存在了數百年,等同於構成我們人類學條件的基本要素,但是今天它們卻顯得不夠受到重視:「人類真正的豐富,並非其經濟

和技術的製造能力,而是其產生意義、將始終獨特的生活經驗轉化為共同意義的能力。然而,生命本身,意義唯有通過多元(le multiple)才能成為統一(Un)」[10]。為了不使人類生活在呈現為象徵形式之中的這種創造力受到抑制,這項政策首要的最終目的必須是確保對不同文明的尊重,畢竟它們全都是一種普遍象徵功能的獨特表達。

簡言之,唯有透過一種文明政治,人類才能期望重新掌握他們的命運,而此一重新掌握則契合 oikouméne(世界)的深刻意涵,首先指的是居住於世界的事實,但也包含熟悉其他不同於我們在世存有(être-au-monde)的方式,從而得以長久地保存人類物種所獨有之象徵功能的創造力。因為每種文明的獨特性都歸功於眾多人所共享之生命經驗——直到某個限度——呈現出的象徵形式,構成盡可能廣泛的集合,以便認識到有別於人類的認同感。

註釋

1. 莫罕與薩米·奈伊（Sami Naïr），《論文明政治》，Paris，Arléa 出版，2002 年。

2. 參見弗黑塔格，《辯證法與社會》(Dialectique et société)，第一和第二冊，1986 年，Lausanne，L'Age d'homme et Montréal 出版，Saint-Martin；《大學的覆滅》(Le Naufrage de l'Université)，Québec-Paris，Nuit blanche-La Découverte 出版，1995 年。

3. 參見安德斯，《核能威脅：對原子時代的激進思考》(La menace nucléaire, considérations radicales sur l'âge atomique)，Paris，Le Serpent à plumes 出版，2006 年。

4. 伊夫·波尼（Yves Bonny）特別詳盡地整理了這些主軸，參見《米歇爾·弗雷塔格著作導論》(Introduction à l'ouvrage de Michel Freitag)：〈社會的健忘〉(L'oubli de la société)，P.U. de Rennes 出版，2002 年，頁 36-39。

5. 韋伯，《學術與政治》(Le Savant et le politique)，Paris，10/18 出版，1963 年，頁 183。

6. 約納斯，《責任原理》，Paris，Le Cerf 出版，1995 年。

7. 康吉萊姆，《常態與病態》(Le Normal et le pathologique)，Paris，P.U.F. 出版，1979 年，頁 77。

8. 弗黑塔格，《大學的覆滅》，同前註，頁 257。

9. 弗黑塔格，《全球化的僵局》，同前註，頁 291。

10. 弗黑塔格，《全球化的僵局》，同前註，頁 342。

國家圖書館出版品預行編目 (CIP) 資料

什麼是文明？/ 阿蘭.貢比耶 (Alain Cambier) 作；李崇瑋譯. --
初版. -- 臺北市：開學文化事業股份有限公司，2025.05
面； 公分. -- (哲學之道；19)
譯自：Qu'est-ce qu'une civilisation?
ISBN 978-626-98246-3-2 (平裝)

1.CST: 文明 2.CST: 哲學 3.CST: 文化研究

713   114004448

作　　者	阿蘭・貢比耶 Alain Cambier	
譯　　者	李崇瑋	
責任編輯	陳韶君	
封面設計	何顏竹	
內文排版	劉秋筑	
發 行 人	顧忠華	
出　　版	開學文化事業股份有限公司	
地　　址	100 臺北市中正區泉州街 9 號 3 樓	
電　　話	(02) 2301-6364	
傳　　真	(02) 2301-9641	
讀者信箱	openlearningtw@gmail.com	
總 經 銷	紅螞蟻圖書有限公司	
地　　址	114 臺北市內湖區舊宗路 2 段 121 巷 19 號	
電　　話	(02) 2795-3656	
傳　　真	(02) 2795-4100	
服務信箱	red0511@ms51.hinet.net	
印　　製	龍虎電腦排版股份有限公司	
出版日期	2025 年 5 月 初版一刷	
定　　價	300 元	
書　　號	CP019	
I S B N	978-626-98246-3-2 (平裝)	

哲學之道 019
什麼是文明？

◎本著作物係著作人授權發行，若有重製、仿製或對內容之其他侵害，
本公司將依法追究，絕不寬貸！
◎書籍若有倒裝、缺頁、破損，請逕寄回本公司更換。